JN064227

トラブル相談シリーズ

金融商品取引のトラブル相談

基礎知識から
具体的解決策まで

日本弁護士連合会消費者問題対策委員会
金融サービス部会［編］

民事法研究会

はしがき

このたび、執筆開始から約１年半をかけて、『金融商品取引のトラブル相談Q&A』を発刊することができました。

本書は、日本弁護士連合会の消費者問題対策委員会・金融サービス部会のメンバーが協力して執筆したものです。これまで、同じ金融サービス部会では、主として個人投資家の投資被害救済に向けた、『金融商品取引被害救済の手引』（初版～六訂版）を執筆しておりましたが、これを新たにQ&Aの形にし、法律実務家だけでなく、相談員の方にも理解しやすいようできるだけ平易な表現を心がけ、最新の法改正や裁判例などを取り入れるなどして書き下ろした内容となっています。

近時、「資産所得倍増プラン」の下、投資に関心をもつ人が増えているといわれる一方、いわゆる仕組債などの複雑な金融商品や、SNS型投資詐欺等の被害に遭う人も増加しています。これらの被害予防や救済にあたっては、金融商品に関する正確な理解が必要です。

他方で金融商品取引に関しては、金融商品取引法（金商法）と金融サービス提供法（金サ法）を中心とした法体系になっていますが、金商法は毎年のように法改正がなされ、弁護士でも理解が困難な法律です。また金サ法も、近時の法改正で法律の性質が変容し、法律の名称自体が「金融サービスの提供に関する法律」から「金融サービスの提供及び利用環境の整備等に関する法律」に改称されるなど、大きな転換期に差し掛かっているといえます。

特に、2023年11月20日に成立した「金融商品取引法等の一部を改正する法律」（令和５年法律第79号）では、金商法における説明義務の法定化や四半期報告書の廃止、金サ法における誠実公正義務（顧客等の最善の利益義務）の横断化や金融経済教育推進機構の設立など、極めて重要な法改正がなされました（なお2023年改正のうち、四半期報告書の廃止や金融経済教育にかかわる条文についてはすでに施行されましたが、それ以外の改正箇所に関しては、公布日から1年6月を超えない日を施行日とされるなど、未施行の条文があることは注意が必要です)。

本書は、これら最新の法改正も踏まえた内容となっており、ぜひ、金融商品取引トラブルの相談・救済に向けて活動されている多くのみなさまに、手にとって役立てていただければ幸いです。

最後になりますが、本書の編集作業については、同じく金融サービス部会のメンバーである、桜井健夫、坂勇一郎、神野直弘、島幸明の4名で、協力して行いました。また、民事法研究会の野間紗也奈氏には、大変お世話になりました。この場を借りて深く感謝いたします。

2024年5月吉日

編集委員　桜井健夫　　坂勇一郎
神野直弘　　島　幸明

『金融商品取引のトラブル相談 Q&A』
目　次

第1章　総　論

Q1　金融商品取引（投資取引）の規制の必要性 ………………………… 2

《コラム①》金融規制下にある業態の機能でみる
金融商品取引業の位置づけ／5

Q2　金サ法の目的と内容 ………………………………………………… 7

Q3　誠実公正義務・顧客等の最善の利益義務 ………………………… 13

《コラム②》顧客本位の業務運営原則／17

Q4　金サ法における金融商品の販売等に関する民事ルール ………… 19

Q5　金サ法における金融サービス仲介法制 …………………………… 24

Q6　金融サービスの利用環境の整備等 ………………………………… 28

Q7　金商法の目的と内容 ………………………………………………… 34

《コラム③》公的規制・自主規制とその調査／37

Q8　金融商品取引の被害救済における金商法と民法の役割 ………… 39

Q9　金商法と消契法・特商法との適用関係 …………………………… 43

Q10　金商法以外の投資取引の業法規制 ……………………………… 46

《コラム④》 投資商品規制の横断化と「隙間」／50

Q11　クラウドファンディングの種類と規制 …………………………… 53

第2章　規制対象となる取引

Q12　金商法の規制対象となる取引 ……………………………………… 58

Q13　有価証券 ……………………………………………………………… 61

Q14　デリバティブ取引 …………………………………………………… 66

第3章　開示規制

Q15 有価証券の発行開示・継続開示の規制 …… 70
Q16 有価証券報告書等の虚偽記載 …… 76

第4章　金融商品取引業者の規制

Q17 金融商品取引業の登録が必要となる行為 …… 82
Q18 金商法における業規制 …… 87
《コラム⑤》金融商品取引とアプリ／91
Q19 海外所在業者・無登録業者 …… 94
《コラム⑥》相手方の捕捉など／98

第5章　勧誘規制

Q20 勧誘・媒介の概念 …… 102
Q21 広告・広告類似行為 …… 108
Q22 訪問・電話による勧誘 …… 115
Q23 適合性の原則 …… 119
《コラム⑦》プロダクトガバナンス／124
Q24 金融商品取引業者等の情報提供義務 …… 125
《コラム⑧》重要情報シート／130
Q25 金融商品取引業者等の説明義務 …… 134
Q26 虚偽告知の禁止・断定的判断の提供等の禁止 …… 141
Q27 損失補塡の禁止 …… 145
Q28 過当取引 …… 149

Q29 高齢の投資者の保護ルール……154
《コラム⑨》若者を狙う怪しい投資話（FX、暗号資産等）／158

第6章　投資助言・投資運用業の規制

Q30 投資助言サービス……162
Q31 投資運用業……167

第7章　主な金融商品と勧誘規制等

Q32 株　式……172
Q33 社　債……177
Q34 投資信託……181
Q35 ファンド（集団投資スキーム）……185
《コラム⑩》プロ向けファンド／191
Q36 仕組商品（仕組債）……193
Q37 投資性の高い保険……200
《コラム⑪》金融商品・事業者の調査／205
Q38 個人が行うデリバティブ取引……207
Q39 事業者が行うデリバティブ取引……212
《コラム⑫》ソーシャルレンディング／216

第8章　その他の投資取引と規制

Q40 預託商法……220
Q41 暗号資産取引……225

Q42 セキュリティトークン……229
Q43 CO_2排出権取引……233

第9章 紛争解決の手続

Q44 投資取引にまつわるトラブルと紛争解決手段……238
Q45 金融 ADR による手続……243
Q46 裁判による手続……249
《コラム⑬》証拠保全／252

執筆者紹介……254

凡　例

[法令等]

金サ法	金融サービスの提供及び利用環境の整備等に関する法律
金サ法施行令	金融サービスの提供及び利用環境の整備等に関する法律施行令
金サ法施行規則	金融サービスの提供及び利用環境の整備等に関する法律施行規則
旧金サ法	金融サービスの提供に関する法律
金販法	金融商品の販売等に関する法律
金商法	金融商品取引法
金商法施行令	金融商品取引法施行令
金商業等府令	金融商品取引業等に関する内閣府令
定義府令	金融商品取引法第2条に規定する定義に関する内閣府令
開示府令	企業内容等の開示に関する内閣府令
証取法	証券取引法
商先法	商品先物取引法
預託法	預託等取引に関する法律
旧預託法	特定商品等の預託等取引契約に関する法律
割販法	割賦販売法
資決法	資金決済に関する法律
宅建業法	宅地建物取引業法
不特法	不動産特定共同事業法
農協法	農業協同組合法
特商法	特定商取引に関する法律
投信法	投資信託及び投資法人に関する法律
暗号資産府令	暗号資産交換業者に関する内閣府令
取引DPF法	取引デジタルプラットフォームを利用する消費者の利益の保護に関する法律
犯収法	犯罪による収益の移転防止に関する法律
民訴法	民事訴訟法

消契法	消費者契約法
景表法	不当景品類及び不当表示防止法
国セン法	独立行政法人国民生活センター法
監督指針	金融商品取引業者等向けの総合的な監督指針（2024年5月）
消費者教育基本方針	消費者教育の推進に関する基本的な方針（2013年6月28日閣議決定、2023年3月28日最終変更）
資産形成支援施策推進に関する基本方針	国民の安定的な資産形成の支援に関する施策の総合的な推進に関する基本的な方針（2024年3月15日閣議決定）
企業内容等開示ガイドライン	企業内容等の開示に関する留意事項について（企業内容等開示ガイドライン）（2024年4月）

[判例集・文献]

集民	最高裁判所裁判集民事
先裁集	先物取引裁判例集
セレクト	証券取引被害判例セレクト
判時	判例時報
判タ	判例タイムズ
金商	金融・商事判例
金法	金融法務事情
裁判所ウェブサイト	裁判所ウェブサイト裁判例検索
Westlaw	Westlaw Japan 判例データベース
LEX/DB	TKC 法律情報データベース

第1章
総　論

Q1 金融商品取引（投資取引）の規制の必要性

金融商品取引（投資取引）について、物の売買契約と異なる特別の規制をする必要性はどこにありますか。また、投資取引を規制する法令として、具体的にどのようなものがありますか。

▶▶▶ Point

① 物の売買とは異なり、投資取引では、投資者保護と資源の効率的配分のために、特別な規制が必要です。

② 金商法およびそれを準用する法律などにより、各投資取引の特性に応じた投資者保護規定が設けられています。

1 投資取引とは

投資取引とは、利益を見込んでお金を出す取引で、株式・社債・投資信託などの有価証券、投資性の高い預貯金（特定預金・特定貯金）、投資性の高い保険・共済（特定保険・特定共済）などの金融商品取引、不動産特定共同事業等があります。

これらの投資取引では、一般の預貯金等とは異なり、元本割れ等のリスクがあります。また、そのリスクが現実化しても、その責任を負うのは、基本的には、投資取引をした投資者自身であるという自己責任の原則がとられています。

2 投資取引に関する規制の必要性

物の売買契約では、一方当事者（売主等）が、他方当事者（買主等）に対して、情報提供をするなどの法的義務は基本的にありません。これは、民法が適用される一般領域では、契約当事者が対等であると考えられていることが理由で、売主と買主が相手に情報を提供しなかったからといって、成立した売買契約の効力に影響が生じることは、原則としてありません。すなわち、通常の売買契約等では、取引方法や情報提供などについて、公序良俗違反や詐欺行為などがある場合を除き、基本的には規制がありません。

他方で、投資取引では、資本市場の機能である資源の効率的配分を実現するとともに、社会全般から広く投資を呼び込むことが要請されます。また、資源の効率的配分や投資に関する自己責任原則が妥当する前提として、投資者には、投資判断に必要な情報が提供されなければなりません。

物の売買等とは異なり、投資商品は実際に手にとったり、見たりして品質等を確かめることができません。また、金融商品のリスクのリターンは、将来現実化するものです。そのため、取引をするかどうかの判断に必要な情報が十分に提供されることが重要となります。他方、金融事業者と顧客との間には、情報、専門性、組織力、交渉力に大きな格差があります。こうした格差を背景に金融事業者が、自らの利益のために顧客に不適切な不担や損失を負わせるような事態を防ぐ必要があります。投資取引が適切に行われるためには、投資取引の仲介等を行う事業者に一定の資質が必要となりますし、投資取引を行う市場において一定のルールに基づいた取引がなされる必要があります。そこで、投資取引については、通常の売買とは異なり、情報開示、投資取引を扱う事業者、投資取引を行う者や市場などについて、それぞれ規制する必要があるとされています。

3　投資取引の種類と規制の対応関係

投資取引の全体図は、〔図表１〕のとおりです。

金商法の規制対象は、「有価証券（広義）」と「デリバティブ取引」で、有価証券（広義）には、公社債、株券、投資信託受益証券等の有価証券（狭義）、それと同じ権利で証券を発行しない有価証券表示権利、集団投資スキーム持分等が含まれます。

〔図表1〕 投資取引の全体図

- 投資商品取引
  - ・金商法対象の取引
    - ・有価証券（広義）取引
      - ・有価証券（狭義）取引（2条1項）
      - ・有価証券表示権利取引（2条2項本文前段）
        - 公社債
        - 株券
        - 各種信託
        - 受益証券
        - 抵当証券　等
      - ・電子記録債権取引（2条2項本文後段）
      - ・電子記録移転権利取引（2条3項）
      - ・2項有価証券取引（2条2項各号）
        - ・信託受益権
        - ・持分会社社員権
        - ・集団投資スキーム持分（各種組合ほか）等
    - ・デリバティブ取引（2条20項）
  - ・不動産特定共同事業（不特法21条の2で金商法準用）
  - ・特定預金等（投資性の高い預貯金）取引（銀行法13条の4等で金商法準用）
  - ・特定保険・特定共済（投資性の高い保険・共済）（保険業法300条の2、農協法11条の5等で金商法準用）
  - ・特定信託（投資性の高い信託）取引（信託業法24条の2等で金商法準用）
  - ・商品デリバティブ取引（商先法、金商法（総合取引所））

（桜井健夫ほか『新・金融商品取引法ハンドブック〔第4版〕』（2018年）2頁の図を簡略化して作成）

特定預金等契約とは、元本欠損のおそれのある預金で、具体的には、外貨預金、オプションを組み込んだ預金等をいいます。銀行法等により、金商法が特定預金等契約の締結に準用されており（銀行法13条の4）、広告、情報提供義務〔2024年5月28日までに施行〕、実質的説明義務、適合性の原則等の規定が準用されています。

特定保険契約とは、具体的には、変額保険、変額年金保険、外貨建て保険等をいいます。これらの保険契約は、運用状況や為替変動により解約払戻金、満期保険金等が大きく変動する可能性があり、損失が生ずるおそれがあるので「投資性」が高い商品として投資取引規制の対象となっています。保険業法により、金商法が特定保険契約に準用されており（保険業法300条の２）、広告、情報提供義務〔2025年５月28日までに施行〕、実質的説明義務、適合性の原則等の規定が準用されています。

不動産特定共同事業とは、出資を募って、宅建業法対象の宅地の売買・交換・賃貸借などで運用して、収益を出資者等に分配する業務等をいいます。不特法では、この業務を営む者について許可制等を実施し、広告等の規制や不当勧誘行為が禁止され、また金商法の適合性の原則が準用されるなどして、出資者等の事業参加者の利益の保護を図っています。

コラム①　金融規制下にある業態の機能でみる金融商品取引業の位置づけ

金融の「機能」の分類

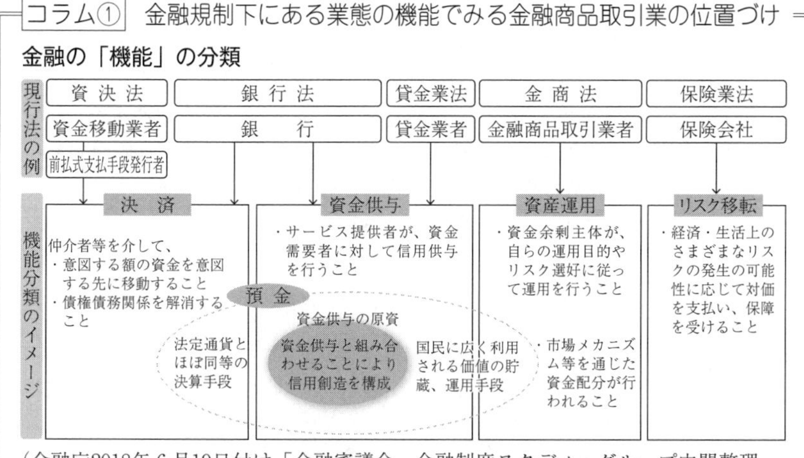

（金融庁2018年６月19日付け「金融審議会　金融制度スタディ・グループ中間整理――機能別・横断的な金融規制体系に向けて――の概要」を基に作成）

金融の「機能」は、①決済、②資金供与、③資産運用、④リスク移転の大きく四つに分類することができます。金融庁は、銀行業、貸金業、金融商品取引業、保険業、資金移動業等の各種の金融業を規制下においていますが、これらの業をこの四つの機能で分類すると、上図のようになります。

まず、「決済」（送金・支払い）の機能についてみると、銀行法による銀行振込等のほか資決法が規制するプリペイドカード（第三者型前払式支払手段）や資金移動サービスが、現金や預金と同様の決済手段としての機能を果たしています。QRコード決済事業者は、決済情報を電子的に伝達する機能を有しています。送金機能は、銀行振込みによる送金と類似しています。

また、「資金供与」という機能でみると、銀行業と貸金業とは、サービス提供者が、資金需要者に対して、後払いで資金を供与する、すなわち信用供与を行うという点で、機能が共通しています。なお、経済産業省が所管する割販法が規制するクレジット業も同様の機能を有する面があります。

次に、「資産運用」という機能でみると、銀行が行う預金等の受入れと、金融商品取引業者が行う投資資金の受入れとは、どちらも、国民に広く利用される、資産の保有・運用手段であるという点で、機能が共通する面があります。他方、運用の仕方という観点から、銀行預金と金融商品とを比較すると、銀行預金の預入れは元本が保証されるのに対し、金融商品の購入等は元本が保証されません。金融商品取引業者との取引では、顧客は、自らの運用目的やリスク選好に従って運用を行い、市場メカニズムを通じて資金の配分を受けます。

最後に、「リスク移転」という機能でみると、保険は、将来遭遇することのある経済・生活上のさまざまなリスクの発生の可能性に応じて保険料という対価を支払い、保険事故が発生した場合に、保険金という保障を受けるというリスク移転の仕組みです。もっとも、学資保険などの貯蓄型保険は、資産の保有、運用手段としての機能をもちます。また、変額保険は、保険会社の運用次第で、満期保険金や解約返戻金の額が変動しますし、外貨建て保険は、為替動向によってこれらの額が変動します。保険のほか、デリバティブもリスク移転の機能をもちます。

このように、金融庁が規制下におく各種金融業は、その機能に着目すると、決済・資金供与、資産運用、リスク移転の各機能に分類することができます。その中で、金融商品取引業は、投資家の資産運用の場、資金の運用目的やリスク選好に従って運用を行う場での取引として、株式・社債・投資信託などの有価証券や、外国為替証拠金取引などのデリバティブ取引といった投資性の高い金融商品取引を取り扱う業務を行っています。

Q2　金サ法の目的と内容

　金サ法は、どのようなことを目的とした法律ですか。また、その内容はどのようなものですか。

▶▶▶ Point

①　**金サ法は、顧客等の保護と利用環境の整備等を目的としています。**

②　**金サ法は、ⓐ金販法当時から規定されている「金融商品販売に関する民事ルール」、ⓑ旧金サ法への改正時に追加された「金融サービス仲介業に係る規定」、ⓒ金サ法への改正時に追加された「誠実義務と金融サービスの利用環境の整備等に係る規定」をその内容とします。**

1　金融の基本法

　2023年の国会で、金商法等の大きな改正がなされました。改正後、「金融サービスの提供に関する法律」（旧金サ法）は、名称を「金融サービスの提供及び利用環境の整備等に関する法律」（金サ法）に変え、金融サービス提供者に共通する義務として誠実公正義務を設けるとともに、国民の資産形成支援施策の推進に関する規定、新設する金融経済教育推進機構に関する規定

〔図表２〕　金融法の体系

取引種類／法律	証券 デリバティブ	預金 貸金 為替	保険	為替 暗号資産 決済手段	不動産特定共同事業	貸金	年金
業法	金商法	銀行法	保険業法	資決法	不特法	貸金業法	国民年金法 その他の年金法
		金商法準用（投資性の高いもの）					
基本法	金サ法						

を設けました。

これにより、金サ法は、金融サービスに共通する基本法への道を歩み始めたといえます（〔図表２〕参照）。2023年の改正は、原則として、2024年11月29日までに施行されます。以下では、これまでの改正経緯を振り返った後、2023年の改正の目的と概要を確認します。

2 改正経緯

(1) 金販法（2006年改正法）

金サ法の前身は、「金融商品の販売等に関する法律」（金販法）です。金販法は、金融商品販売に関する民事ルールを定めたものとして、2001年４月１日から施行され、2006年に最初の大きな改正がなされました（2007年９月30日施行）。2006年改正法の全体像は〔図表３〕のとおりです（３条以降の条数は2006年改正後で2020年改正前のもの）。

〔図表３〕 改正金商法（2007年９月～2021年10月）

１条（目的）顧客保護⇒国民経済の健全な発展
２条（定義）金商法で有価証券やデリバティブ取引が拡大に応じて金販法の対象も拡大
３条（説明義務）2007年改正で、説明内容拡大（当初元本上回るリスクの説明義務、仕組みの説明義務）、説明の方法・程度（適合的な、理解できる説明）を追加
４条（断定的判断提供等の禁止）2007年改正で新設
５条（損害賠償責任）説明義務違反、断定的判断提供等と損害賠償責任を結びつける
６条（因果関係・損害額の推定）
７条（民法の適用）
８条・９条・10条（勧誘方針等）

(2) 旧金サ法（2020年改正法）

その後、情報通信技術の発達を背景とするFinTech（フィンテック）の進展を受けて2020年６月５日に改正され、横断的な金融サービス仲介業に関する規定が整備・追加されました。これに伴い、金販法は、法律名を「金融サービスの提供に関する法律」（旧金サ法）に変えました〔2021年11月１日施行〕。この改正では、２条に総則としての定義規定が加わり、従来の２条以下が繰り下がり、従来の10条（過料の制裁規定）は97条に移されました。その後に金融サービス仲介業の規定が追加され（旧金サ法11条〜105条）、〔図表４〕のようになりました。

〔図表４〕 旧金サ法（2021年11月〜2024年）

第１章　総則
１条（目的）顧客保護⇒国民経済の健全な発展／２条（定義）
第２章　金融商品の販売等
３条（定義）「金融商品の販売」の定義／４条（説明義務）／５条（断定的判断提供等の禁止）／６条（損害賠償責任）／７条（因果関係・損害額の推定）
８条（民法の適用）
９条・10条（勧誘方針等）
第３章　金融サービス仲介業
第１節　総則（11条〜23条）／第２節　業務（24条〜32条）／第３節　経理（33条・34条）
第４節　監督（35条〜39条）／第５節　認定金融サービス仲介業協会（40条〜50条）
第６節　指定紛争解決機関（51条〜73条）／第７節　雑則（74条〜84条）
第４章　罰則（85条〜102条）
第５章　没収に関する手続等の特例（103条〜105条）

⑶　金サ法（2023年改正法）

2023年の改正では、法律の名称が「金融サービスの提供及び利用環境の整備等に関する法律」（金サ法）となり、①顧客に対する誠実義務（第２章）、②金融サービスの利用環境の整備（第５章）に関する規定が加わりました（改正は２段階で行われ、最初の改正で②が第４章として加わり、続いた改正で①

が第2章として加わって、②は一つずれて第5章となりました（〔図表5〕参照)）。

〔図表5〕 金サ法（2024年～）

第1章　総則
　1条（目的）顧客保護⇒国民経済の健全な発展／1条の2（定義）
第2章　顧客等に対する誠実義務　2条
第3章　金融商品の販売等
　3条（定義）「金融商品の販売」の定義／4条（説明義務）／5条（断定的判断提供等の禁止）／6条（損害賠償責任）／7条（因果関係・損害額の推定）／8条（民法の適用）／9条・10条（勧誘方針等）
第4章　金融サービス仲介業
　第1節　総則（11条～23条）／第2節　業務（24条～32条）／第3節　経理（33条・34条）／第4節　監督（35条～39条）／第5節　認定金融サービス仲介業協会（40条～50条）／第6節　指定紛争解決機関（51条～73条）／第7節　雑則（74条～84条）
第5章　金融サービスの利用環境の整備等
　第1節　安定的な資産形成の支援等（81条～85条）
　第2節　金融経済教育推進機構（8条～135条）
第6章　雑則（136条～139条）　関係者相互の連携・協力（136条）／権限の委任（137条）
第7章　罰則（140条～161条）
第8章　没収に関する手続等の特例（162条～164条）

3 目　的

この法律は、①金融サービスの提供等に係る業務を行う者の職責を明らかにするとともに、②金融商品販売業者等が金融商品の販売等に際し顧客に対して説明をすべき事項その他の金融商品の販売等に関する事項を定めること、③金融サービス仲介業を行う者について登録制度を実施し、その業務の健全かつ適切な運営を確保すること並びに④国民の安定的な資産形成および適切な資産管理を促進するための基本的事項を定めることなどにより、⑤金融サービスの提供等を受ける顧客等の保護および⑥金融サービスの利用環境の整備等を図り、もって⑦国民経済の健全な発展に資することを目的とします（金サ法1条）。①②③④が内容であり、⑤顧客保護と⑥利用環境の整備が目的、⑦が究極の目的です。

4　内　容

⑴　概　要

2023年改正法の概要は次のとおりです。

① すべての金融事業者が顧客に対し誠実公正義務を負うことを定めます。

② 金融商品販売業者等の説明義務違反等の民事責任を定めます。

③ 金融サービス仲介業者に関する規定を定めます。

④ 資産形成のための利用環境整備として、国民の資産形成支援施策の推進に関する規定、金融経済教育推進機構に関する規定を設けています。

⑵　誠実公正義務

第2章は、金融サービス提供等を行う者の顧客等に対する誠実公正義務を定めます（詳細はQ3参照）。広く金融事業者一般に共通する義務として、金融サービスの提供等に係る業務を行う者は、「顧客等の最善の利益を勘案しつつ、顧客等に対して誠実かつ公正に、その業務を遂行しなければならない」（金サ法2条）こととしました。これに伴い、金融商品取引業者等の誠実公正義務を定めた規定（金商法36条1項）は重複することとなるので、削除されました。

誠実公正義務を負うのは〔図表6〕の業務またはそれに付随もしくは関連する業務を行う者です。

〔図表6〕 誠実公正義務を負う業務

金融サービス仲介業に基づく業務、金融商品取引業に基づく業務、銀行業に基づく業務、無尽の業務、各組合法等に基づく貸付け等の業務、銀行代理業、電子決済等取扱業、電子決済等代行業、信託業、保険業、貸金業、不動産特定共同事業、資金移動業・電子決済手段等取引業・暗号資産交換業・前払式支払手段発行業の業務、国民年金・石炭鉱業年金・確定給付企業年金・確定拠出年金・厚生年金の運営等の業務、その他の政令指定業務

このように、誠実公正義務は、預金、融資、保険、投資（証券等）、年金運用と、すべての金融業に共通する義務として位置づけられています。具体的な行為規制の解釈基準となるとともに、具体的行為規制が捕捉しづらい行為を規制する際の根拠となります。

⑶ 金融商品販売等に関する民事責任

第3章は、当初の金販法部分であり、説明義務違反、断定的判断提供等を伴う勧誘について、金融商品販売業者等の損害賠償責任を定めています（詳細はQ4参照）。

⑷ 横断的仲介法制

第4章は、預金、貸金、保険、証券等の仲介を横断的に行うことができる金融サービス仲介業について定めています（詳細はQ5参照）。

⑸ 金融サービスの利用環境整備

第5章は、安定的な「資産形成」（金銭、有価証券その他の金融資産の運用により、資産を形成すること）のための利用環境整備として、国民の資産形成支援施策の推進に関する規定を設けるとともに、適切な金融サービスの利用等に資する金融または経済に関する知識を習得し活用する能力の育成を図るための教授・指導を推進することを目的とする金融経済教育推進機構に関する規定を設けました（詳細はQ6参照）。

Q3 誠実公正義務・顧客等の最善の利益義務

新たに金サ法に誠実公正義務の規定がおかれ、顧客等の最善の利益を考慮すべきことが規定されました。その意義を教えてください。また、誠実公正義務はこれまでどのように機能してきており、今後どのような役割を果たすことが期待されますか。

▶▶▶ Point

① 誠実公正義務（金サ法２条）は、金融事業者に対して、横断的に、顧客等の最善の利益を勘案しつつ、顧客等に対して誠実かつ公正に業務を遂行する義務を課すものです。

② 従来は、金商法において、金融商品取引業一般に共通する行為規制の最初に規定されていましたが、2023年の金商法等の改正では、金サ法に規定がおかれ、金融事業者への横断的な義務とされるとともに、顧客の最善の利益を勘案すべきことが定められました。

③ 誠実公正義務は、具体的な行為規制を解釈する際の指針としての役割を果たしたり、具体的な行為規制を補完する機能を果たしたりします。また、顧客本位の業務運営原則を一歩進めたものです。

1 誠実公正義務の意義

2023年の改正では、金サ法２条において、金融サービスを提供する事業者および企業年金等の実施者に対して、横断的に、顧客等の最善の利益を勘案しつつ、顧客等に対して誠実かつ公正に業務を遂行する義務を新設しました〔2024年11月28日までに施行〕。

従来、誠実公正義務は、金商法が金融商品取引業一般に共通する行為規制として最初に規定しており（2023年改正前金商法36条１項）、規定の位置からもわかるように、個別の行為規制に対する一般規定と位置づけられ、金融商品取引業者の義務を検討する際の原点的役割を担ってきました。

誠実公正義務は、この金融商品取引業共通の行為規制としての金商法36条1項のほかには、金融商品仲介業者の誠実公正義務（同法66条の7）、信用格付業者の誠実公正義務（同法66条の32）として規定され、また、商品先物取引業者の誠実公正義務も、商先法213条に規定されていました。2023年の改正では、金商法36条や同法66条の7は削除され、金サ法2条において規律されます。

2　誠実公正義務の勧誘規制としての役割と裁判例

誠実公正義務は、実務的に勧誘規制として、どのように役割を果たしてきたのでしょうか。

誠実公正義務は、具体的な行為規制を解釈する際の指針としての役割を果たしたり、また、具体的な行為規制を補完する機能を果たしたりしてきました。こうした機能は、2023年の改正の下でも変わりません。

以下で、代表的な裁判例を紹介します。

(1)　東京高裁平成8年11月27日判決

東京高裁平成8年11月27日判決・判時1587号72頁は、「証券会社は、証券取引法に基づいて、監督行政庁より免許を受け証券業を営む者であって、証券取引に関する専門家として、証券発行会社の業績や財務状況等に関する多くの情報と、証券取引に関する豊富な経験や、当該証券取引に係る商品に関する高度で専門的な知識を有する者であり、それゆえ、一般の投資家も、証券会社を信頼し、その提供する情報、勧奨等に基づいて証券市場に参入し、証券取引を行っているのであるから、証券会社及びその使用人は、投資家に対し証券取引を勧誘するに当たっては、当該証券取引による利益やリスクに関する的確な情報を提供し、投資家がこれについての正しい理解を形成した上、その自主的な判断に基づいて当該の証券取引を行うか否かを決することができるように配慮すべきものといわなければならない」。「そして、証券取引法49条の２が『証券会社……及び使用人は、顧客に対して誠実かつ公正に、その業務を遂行しなければならない。』と規定し……ているのも、右と同旨の趣旨に出たものということができる」と述べており、証券会社の説明義務を認定するにあたって証取法49条の２（誠実公正義務）の規定を引用しました。

⑵　大阪高裁平成12年９月29日判決

大阪高裁平成12年９月29日判決・セレクト17巻126頁は、「証券会社が、顧客の取引口座に対して支配を及ぼして、顧客の信用を濫用し、顧客の利益を犠牲にして手数料稼ぎ等の自己の利益を図るために、顧客の資産状況、投資目的、投資傾向、投資知識、経験に照らして過度な頻度、数量の証券取引の勧誘をすることは、顧客に対する誠実義務に違反する詐欺的、背任的行為として、私法上も違法と評価すべきである」として、誠実公正義務違反を過当取引の違法性の根拠としています。

3　誠実公正義務と顧客本位原則

誠実公正義務の沿革は、1990年当時証券監督者国際機構（IOSCO）が定めていた七つの行為規範原則の一つである誠実公平の原則（「業者は、その業務にあたっては、顧客の最大の利益および市場の健全性を図るべく、誠実かつ公正に行動しなければならない」）を受けて、誠実公正義務として証取法49条の２（その後の改正で33条に移動）に明記したことにあります。このとき、顧客の最大の利益を図るべくという文言は取り込まれませんでした。

金融庁は、2017年に顧客本位の業務運営に関する原則を提言し、金融事業者に対し、その策定を促してきました。同原則２では、「顧客の最善の利益の追求」が提言されていました。かかる施策を通じて、顧客本位の商品・サービスを提供する取組みが行われ、一定の進展がみられましたが、顧客利益より販売促進を優先した金融商品が組成されているのではないかという疑問があり、また、同原則を採択していないあるいはその趣旨を反映した取組方針を公表しない事業者も少くなく、取組みは道半ばでした。金融審議会市場制度ワーキング・グループ顧客本位タスクフォースにおいて、顧客本位の業務運営に関する原則を法令上の義務として充実させていくべきとの意見が提起され、顧客の最善の利益義務の法定化が提言されました。同提言を踏まえ、2023年の改正金サ法2条において、横断的に、顧客等の最善の利益を勘案しつつ、顧客等に対して誠実かつ公正に業務を遂行しなければならないと規定されました。

今後、顧客等の最善の利益を図るべき義務も、誠実公正義務の基準として、具体的な行為規制を解釈する際の指針としての役割を果たしたり、また、具体的な行為規制を補完する機能を果たしたりして、活用されていくことになります。

4 金サ法における誠実公正義務

顧客等の最善の利益義務の法定化により、従来の誠実公正義務は、一歩進められたものとなり、また、今後、金融事業者により顧客等の最善の利益を図る取組みが高度化していくことが期待されています。

顧客等の最善の利益を勘案した誠実公正義務は、金融事業者に対し、顧客の属性、目的や金融サービスの特性を踏まえ、自らが提供できる金融サービスの中から顧客に最も適したサービスを遂行するよう業務を遂行することを求めるものです。金融事業者は、何が顧客のためになるのかを適切に検討する必要があります。また、顧客が希望する商品・サービスであっても、顧客等の最善の利益を勘案する観点から販売すべきでないと考えられるときには、販売をしない対応も行うべきであり、かかる対応を行うことができることとされています（2023年6月7日付けの衆議院財務金融委員会における鈴木俊一国務大臣の答弁）。

また、顧客等の最善の利益義務ないし誠実公正義務の内容としては、金融事業者において、顧客本位の業務運営に関する原則の策定、策定される原則の合理性、策定した原則の遵守等が、義務づけられるものと解されます。これらの義務に違反する場合、行政処分の対象になり得ます。行政監督や行政処分は、顧客本位の業務運営に関する原則の充実の観点から、実効的に行われる必要があります。

コラム②　顧客本位の業務運営原則

金融庁は、金融審議会市場制度ワーキング・グループ（以下、「市場 WG」といいます）が2016年12月22日付で公表した報告に基づいて、2017年1月、「顧客本位の業務運営に関する原則」（以下、「顧客本位原則」といいます）を公表しました。同原則は、さらに2021年に改訂されています。これは、日本版フィデューシャリー・デューティといわれています。元々フィデューシャリー・デューティとは英米法の概念で、当事者間に信任関係が存在する場合に、相手方の信頼を受けてその者の利益のために行動・助言する義務を負うことを意味します。

日本で顧客本位原則が定められた背景には、国内で投資トラブルが続いていたことがあげられます。当時の市場 WG では「投資信託や貯蓄性保険の主な販売チャンネルである金融機関（販売会社）において、必ずしも顧客本位とは言えない販売実態」がある、「商品開発や販売等に携わる金融機関では、真に顧客本位の業務運営を徹底し、顧客に必要な情報を提供するとともに顧客のニーズや利益に適う商品・サービスを提供することが必要」である、といった点が指摘されていました。

顧客本位原則は、「1　顧客本位の業務運営に係る方針の策定・公表等」「2　顧客の最善の利益の追求」「3　利益相反の適切な管理」「4　手数料等の明確化」「5　重要な情報の分かりやすい提供」「6　顧客にふさわしいサービスの提供」「7　従業員に対する適切な動機づけの枠組み等」の七つの原則からなり、それぞれの原則ごとに本文と注があります。

顧客本位原則に基づく業務運営に対する監督については、プリンシプルベースのアプローチが採用されています。規制当局が詳細な法令・規則を整備して個別事例に適用していくというルールベースアプローチによる方法では、金融商品取引業者が最低限のルールを守っておけばよいと考えて、ルール以上の改善に対して消極的になる結果、顧客の保護につながらないという問題意識から、規制当局である金融庁がいくつかの原則を策定し、金融商品取引業者がその原則を踏まえて、何が顧客本位なのかをあげてサービスの提供を行うように促していくというプリンシプルベースアプローチを採用したものです。

策定後、金融検査・監督の場面において、各金融商品取引業者による原則の受け入れ状況、策定した取組方針、当該方針にかかる取組状況について、適切にモニタリングを行うことによって顧客本位原則が履行されることが期待されていました。他方、プリンシプルベースのアプローチが不十分であれば、ルールベースアプローチを含めてあらためて検討がなされることとされていましたが、本文記載のとおり、「道半ば」の状況でした。

2022年12月9日に公表された市場WG顧客本位タスクフォースの中間報告では、金融商品取引業者が顧客に対して誠実公正義務を負い顧客等の最善の利益を図るべき義務があることを定めるべきことや、顧客に対して利益相反の可能性と手数料等について明確にわかりやすくすることなどが指摘されました。

これを受けて、2023年の金商法および金サ法等の改正により、誠実公正義務に関する従前の一般的規定（改正前金商法36条1項・66条の7および旧金サ法24条等）を削除したうえで、金サ法2条において、金融サービスの提供等に係る業務を行う者に対し、顧客等の最善の利益を勘案しつつ、横断的に、顧客等に対して誠実かつ公平に業務を遂行すべきである旨の義務を規定しました。

Q4 金サ法における金融商品の販売等に関する民事ルール

金サ法の第３章「金融商品の販売等」は、従前の金販法とほぼ同じ内容ですが、金融商品の販売等に際し、どのような民事ルールを定めていますか。

▶▶▶ Point

① **金サ法の第３章は民事ルールを定めており、民法の特別法と位置づけられています。**

② **金サ法の民事ルールは、金融商品販売業者等の説明義務や断定的判断の提供等の禁止等を定めています。**

③ **金融商品販売業者等が②に違反したときは、損害賠償責任を負うことを定めています。**

1 金サ法における民事ルールの適用範囲

投資性の金融サービスを取り扱う事業者等を規制する法律は、金サ法のほかに金商法もあります。この二つは、いずれも、投資性の高い金融サービスを取り扱う事業者と取引をする顧客を保護する法律ですが、適用範囲を異にします。

金商法は有価証券とデリバティブ取引を規制対象としますが、金サ法はより広い金融サービスを対象としています。金サ法の対象は章により異なりますが、民事ルールに関する規定は、金商法の適用対象である有価証券とデリバティブ取引だけではなく、より広く、預貯金等契約の締結、保険・共済契約の締結、不動産特定共同事業契約や各種差金決済取引等にも適用されます（金商法３条１項各号）。また、金サ法の民事ルールは、業として金融商品の販売等を業として行う者に広く適用され（同法3条3項）、金商法上の登録を受けた金融商品取引業者（同法29条）のほか、無登録業者にも適用されます。

金サ法の民事ルールは、民法709条および同法715条の不法行為規定の特則を設けることにより、金融商品販売業者等の説明義務違反あるいは断定的判断の提供等により損害を被った顧客の民事的救済に資することを目的とする、民法の特別法です。

2 金融商品販売業者等の義務

(1) 説明義務

金融商品販売業者等は、当該金融商品の販売が行われるまでの間に、顧客に対して重要事項について民事上の説明義務を負います（金サ法4条1項）。勧誘がない場合にも説明義務はあります。

ただし、複数の金融商品販売業者等が、一つの金融商品の販売について顧客に対し重要事項の説明をしなければならない場合において、いずれかの金融商品販売業者等が重要事項の説明をしたときは、ほかの金融商品販売業者等は当該重要事項について説明をする必要はありません（金サ法4条6項）。

また、説明の相手方である顧客が、いわゆるプロとして政令で定める者である場合（特定顧客。金サ法4条7項1号、金サ法施行令12条）、顧客が説明を要しない旨の意思を表明した場合（金サ法4条7項2号）にも重要事項の説明は不要とされています。

(A) 説明すべき重要事項

説明義務の対象となる重要事項は、①市場リスクまたは信用リスクにより「元本欠損が生ずるおそれ」がある旨または「当該元本を上回る損失が生ずるおそれ」がある旨、②その直接の原因となる指標または者、③①のおそれを生じさせる「当該金融商品の販売に係る取引の仕組みのうちの重要な部分」、④権利行使期間・契約解除期間の制限がある旨です（金サ法4条1項・3項～5項）。

(B) 説明の程度

説明の程度は、「顧客の知識、経験、財産の状況及び当該金融商品の販売に係る契約を締結する目的に照らして、当該顧客に理解されるために必要な方法及び程度によるものでなければならない」（金サ法4条2項）とされ、説明の基準は一般的な投資家の理解力ではなく「当該顧客」の理解力を基準とすると定められています。条文上は、勧誘を受けた当該顧客が現実に金融商品販売業者等の説明を理解したことまでは求められていません。なお、民法の信義則上の義務として、リスクが高い金融商品などでは、最終的に顧客が十分理解したことを確認する必要があると判示した裁判例があります（広島高裁松江支部平成10年3月27日判決・セレクト7巻244頁および上告審である最高裁平成10年10月27日判決・セレクト12巻339頁）。

(2) 断定的判断の提供等の禁止

金融商品販売業者等は、「当該金融商品の販売に係る事項」について、「不確実な事項について断定的判断を提供」すること、または「確実であると誤認させるおそれのあることを告げる行為」（以下、「断定的判断の提供等」といいます）が禁止されています（金サ法5条）。

断定的判断の提供等の対象となるのは、不確実な事項全般であり、利益が生ずることについての事項に限定されているものではありません。

(3) 勧誘の適正確保等

金融商品販売業者等には、勧誘の適正確保に努めなければならないという努力義務が課されています（金サ法9条）。金融商品販売業者等に自主的な対応を促すものとされています。

また、金融商品販売業者等には、勧誘方針の策定・公表が義務づけられており、勧誘方針には、適合性の原則や勧誘の方法・時間帯に関する配慮事項などが盛り込まれています（金サ法10条）。勧誘方針の未策定・未公表に対して過料が定められていますが（同法154条）、ほかの制度との連携を図りつつ、実効性を高める必要があります。

3 金融商品販売業者等の損害賠償責任

金融商品販売業者等は、説明義務違反または断定的判断の提供等を行ったときは、顧客に対して無過失かつ直接責任である損害賠償責任を負います(金サ法6条)。直接責任とは、使用者責任(民法715条1項)ではないという趣旨です。金融商品販売業者等は被用者の選任・監督に過失がなかったことなどの反証を行って損害賠償責任を免れることはできません。

金融商品販売業者等の損害賠償責任については、損害額の推定規定が設けられており、「元本欠損額」が損害額と推定されています(金サ法7条1項)。これにより因果関係の存在も推定されています。この推定規定により、事業者側が、損害が生じていないことや損害額が元本欠損額より少ないこと、違反行為と損害額との間の因果関係が存在しないことを立証する必要があります(立証責任の転換)。また、顧客側が元本欠損額以上の損害額を立証して請求することもできます。

金サ法上の損害賠償責任については、民法の規定が適用され(金サ法8条)、共同不法行為(民法719条)、金銭賠償の原則(同法722条1項・417条)、時効(同法724条)が適用されます。金サ法6条は無過失責任であることから、過失相殺(民法722条2項)の適用があるかについては議論がありうるものの、次の東京地裁平成15年4月9日判決や大阪高裁平成23年11月2日判決は適用を認めています。

4 裁判例

金サ法(金販法)により損害賠償を命じた判決は次の4件が把握されています。

① 東京地裁平成15年4月9日判決・判時1846号76頁は、本件の無担保社債について元本欠損が生ずるおそれのあることを説明したとは認めがたいうえ、本件社債が定期預金と同様の安全な商品であると勧誘し、社債

が発行主体の倒産等による元本欠損のリスクがあることを説明しなかったと認められることから金販法3条1項2号（現：金サ法4条1項2号）の重要事項説明をしなかったと認定し、金販法5条（現：金サ法6条）損害賠償責任を認めました。

② 東京地裁平成22年11月30日判決・判タ1396号165頁は、本件の仕組債は、戦争や自然災害等の想定できない事態が生じない限り、制度上元本を保全できるなどと説明をしたが、実際の仕組みでは、本件仕組債は管理会社の業務または財産状況の変化によって元本欠損が生ずるおそれがあったにもかかわらず、このことを説明しなかったことにより損害を被ったと認めて、本件仕組債の購入を勧誘した者に対して金販法4条（現：金サ法6条）の損害賠償責任および民法709条の損害賠償責任を認めました。

③ 大阪高裁平成23年11月2日判決・セレクト41巻315頁は、匿名組合型不動産投資ファンドのレバレッジリスクは、不動産価格が3年間でわずか2割下落するだけで出資元本が全額毀損する重大なものであり、かかる不動産価格の変動は決してまれではないのにこの点の説明をしなかったとして、証券会社に説明義務違反を認め、金販法5条（現：金サ法6条）の損害賠償責任を認めました。

④ 大阪高裁平成27年12月10日判決・判時2300号103頁は、証券会社が、初めてEB債を購入した顧客に対し、契約締結前交付書面を交付せず、かつ、株式償還による元本欠損のおそれや元本欠損が生じる仕組みの重要部分を説明しなかったところ、本件EB債のリスク等についてきちんと説明を受けていれば、大きな損失を被るおそれのある本件EB債を購入することはなかったと認定し、金販法5条（現：金サ法6条）の損害賠償責任を認めました（過失相殺なし）。

Q5 金サ法における金融サービス仲介法制

金融サービス仲介法制では、具体的にどのような行為をどのように規制しているのでしょうか。

▶▶▶ Point

① **金販法が旧金サ法に改正された際、金融サービス仲介法制が整備されました。**

② **金サ法では、一つの登録で、銀行・証券・保険すべての分野の仲介サービスを可能とする、新しい「金融サービス仲介業」について規定しています。**

1 金融サービス仲介法制の経緯

金販法は、2001年に施行された法律で、金融商品販売業者等の勧誘行為に関して、民事的な不法行為責任の特則としての説明義務等を定めていました。しかし、2017年頃から、金融審議会で横断的な金融規制の整備等が議論され、2020年6月5日、新たに金融サービス仲介業に関する規定を金販法の改正で定めることになって、名称も「金融サービスの提供に関する法律」（旧金サ法）に改められました（施行日は2021年11月1日）。この金融サービス仲介業に関する規定は、2023年の改正（横断的な誠実公正義務、利用環境整備に関する規定を追加）で「金融サービスの提供及び利用環境の整備等に関する法律」（金サ法）となった後も、従前と同様に維持されています。

2 金融サービス仲介業に関する規定

⑴ 経 緯

近年、FinTech（フィンテック）と呼ばれるIT技術と金融を結び付けた、新しい金融サービス（家計簿アプリ等）が利用されるようになりました。こうしたサービスにおいて、複数の業種（銀行・証券・保険）の垣根を越えてさまざまな商品を横断的に提供できる制度の必要性が議論されました。

これを可能としたのが、金サ法に規定する「金融サービス仲介業」で、一つの登録で複数のサービス提供（預金等媒介業務、有価証券等仲介業務、保険媒介業務、貸金業貸付媒介業務）ができます（〔図表7〕参照）。また、登録を受けた金融サービス仲介業者は、一定の要件（体制整備等）を満たせば電子決済等代行業を銀行法の登録なく行えます。

〔図表7〕 金融サービス仲介業の仕組み

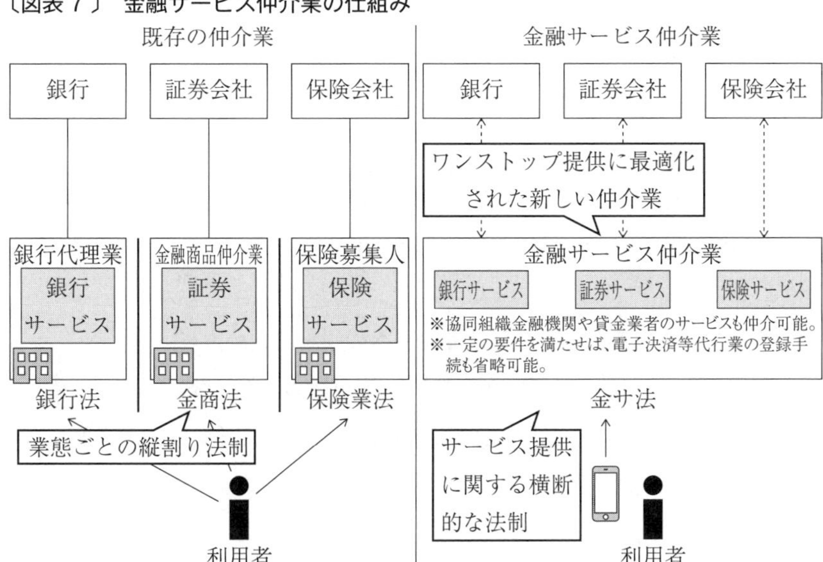

（金融庁「金融サービスの利便の向上及び保護を図るための金融商品の販売等に関する法律等の一部を改正する法律案　説明資料」3頁を基に作成）

⑵ 所属制の廃止

既存の仲介業では、仲介業者に特定の金融機関等への所属を義務づけ、所属先の金融機関が提供する金融商品等の勧誘や説明に関して、所属先金融機関による指導や監督を受けるという、「所属制」がとられていました。

これは、所属先金融機関が仲介業者に対して指導・監督を行うことにより、仲介業者の業務の適性確保を図るものです。仲介業者が、顧客に対するサービスの提供で紛争が生じ、損害賠償をしなければならなくなった場合、所属先が賠償しなければならないとする、利用者保護のために用意された制度でした。この所属制がワンストップサービス提供の阻害要因ともいわれ、金サ法の定める金融サービス仲介業では、所属制が採用されていません。

⑶ 所属制に代わる利用者保護の制度

金サ法は、所属制に代わる新たな利用者保護として、①取り扱うことができる商品・サービスを制限し、顧客に対し高度に専門的な説明を必要とするものは含めないこととし、②保証金供託義務（金サ法22条、金サ法施行令26条。最初の事業年度は1000万円、それ以降は1000万円に前事業年度の年間手数料の５％を加えた額）および③利用者財産の受入れ禁止（金サ法27条）を規定しています。①の詳細は政令で定められ、たとえば仕組預金、（一部を除く）外貨預金、変額保険・外貨建て保険等の特定保険、火災保険（家財保険を除く）、保険金額が一定金額を超える保険、仕組債やデリバティブ等が除外されています。

⑷ 金サ法による金融サービス仲介業への規制の定め方

金サ法は、金融サービス仲介業に関する規律のうち、定義（同法11条）、登録（同法12条～18条）、分野横断的に適用される行為規制（同法24条等）、経理（同法33条・34条）、監督（同法35条～39条）などについては、金融サービス仲介業者に共通して適用されるものとして、金サ法や同法が委任する政令・府令で具体的な内容を定めています。これに対し、それぞれの分野ごとに適用される行為規制については、金サ法では、他の業法の準用規定とその読み替えの規定が定められ、具体的な内容はその業法によることになります（預金：同法29条、保険：同法30条、有価証券：同法31条、貸金業：同法32条）。

Q6 金融サービスの利用環境の整備等

2023年の法改正で金サ法には国民の金融サービスの利用環境を整備する規定が追加されたということですが、具体的にはどのような内容ですか。

▶▶▶ Point

① 国は、安定的な資産形成の支援に関する基本方針を策定します。国は地方公共団体や民間事業者に情報提供等の支援を行い、地方公共団体には地域の社会的・経済的状況に応じた安定的な資産形成支援の施策の努力義務、民間事業者には、国・地方公共団体・金融経済教育推進機構の取組みや教育・広報への協力の努力義務が課されます。

② 金融経済教育推進機構が設立され、資産形成だけでなく、家計管理・生活設計、消費生活の基礎、社会保障・税制度、消費者被害防止等も含む金融経済教育が進められます。

1 利用環境の整備等に関する2023年の改正の概要

金サ法では、第4章「金融サービスの利用環境の整備等」が設けられ、2024年2月1日から施行されています。第1節で安定的な資産形成の支援等に関する基本方針の策定と地方公共団体および民間事業者に対する支援について規定し、第2節では金融経済教育推進機構に関して規定しています。

2 資産形成支援施策推進に関する基本方針の策定

金融機関による顧客本位の業務運営など、安定的な資産形成の支援に係る施策を、政府一体となって強力に推進する観点から、内閣総理大臣は、金融審議会の意見を聴いて資産形成支援施策推進に関する基本方針を閣議決定して、遅滞なく公表します（金サ法82条５項）。

基本方針は次の事項について定めます（金サ法82条２項１号～４号）。

① 国民の安定的な資産形成の支援に関する基本的な方向

② 国民の安定的な資産形成に関する事項（制度の整備、制度の利用促進、教育・広報の推進、調査・研究）

③ 支援施策を実施する国の関係行政機関、地方公共団体、民間団体の連携・協力

④ その他重要事項

政府は適時に、基本方針に基づく施策の実施状況について評価しなければなりません（金サ法82条６項）。政府はまた、国民の安定的資産形成支援に関する状況変化や上記評価を踏まえ、基本方針を検討したうえ必要があれば変更しなければなりません（同法82条７項）。この場合、内閣総理大臣は、金融審議会の意見を聴いて変更案を閣議決定し、遅滞なく公表します（同法82条８項・３項～５項）。

3　地方公共団体および民間事業者に対する支援

国は、国民の安定的資産形成を支援する施策に関し、地方公共団体および民間事業者の活動を支援するため、情報の提供その他の必要な措置を講ずるよう努めます（金サ法83条）。

地方公共団体は、国の施策に準じて、当該地域の社会的および経済的状況に応じた安定的な資産形成支援に関する施策を講ずるよう努めます（金サ法84条）。

事業主は、その事業に支障のない範囲内で、その従業員を対象とする国、地方公共団体または金融経済教育推進機構による安定的な資産形成に資する制度の利用の促進のための取組み並びに安定的な資産形成に関する教育および広報に協力するよう努めます（金サ法85条）。

4　金融経済教育推進機構の設立

(1)　目　的

金融経済教育の推進を目的として「金融経済教育推進機構」(以下、「機構」といいます) が設置されました (金サ法86条〔2024年4月5日設置〕)。

(2)　金融経済教育の内容

(A)　法の定めから

金融経済教育とは、適切な金融サービスの利用等に資する金融または経済に関する知識を習得し、これを活用する能力の育成を図るための教授・指導とされています (金サ法86条)。

(B)　消費者教育基本方針における金融経済教育

消費者教育推進法に基づく消費者教育基本方針では、「金融経済教育の意義・目的は、金融リテラシー (金融に関する知識・判断力) の向上を通じて、国民一人一人が、経済的に自立し、より良い暮らしを実現していくことを可能とするとともに、健全で質の高い金融商品の提供の促進や家計金融資産の有効活用を通じ、公正で持続可能な社会の実現に貢献していくことにある」(同方針16頁。著者下線) とされています。金サ法86条にいう金融経済教育の対象も消費者ですから、上記の趣旨は、金融経済教育にも共通します。

消費者教育基本方針では引き続き「IT 技術の進化により、キャッシュレス決済や暗号資産といった新たな金融サービスが生まれる中、国民一人一人が、金融リテラシーを身に付けるためには、金融や経済についての知識のみならず、家計管理や将来の資金を確保するために長期的な生活設計を行う習慣・能力を身に付けること、保険商品、ローン商品、資産形成商品といった金融商品の適切な利用選択に必要な知識・行動についての着眼点等の習得、事前にアドバイスを受けるなどといった外部の知見を求めることの必要性を理解することが重要である」。「これらの金融リテラシーは、自立した消費生活を営む上で、必要不可欠であり、消費者教育の重要な要素であることから、金融経済教育の内容を消費者教育の内容に盛り込むとともに、金融経済教育と連携した消費者教育を推進することが重要である」（同方針16頁）と解説しています。

(C)　タスクフォース中間報告における金融経済教育

2023年の金サ法改正の方向性を示した金融審議会市場制度ワーキング・グループ顧客本位タスクフォース中間報告（2022年12月９日）（以下、「タスクフォース中間報告」といいます）では、「国民の資産形成への自助努力を支援し、家計の資産所得を増やすため、誰一人取り残さず、広く、定期的に金融経済教育を受ける機会が提供されるよう、国全体として、中立的な立場から、資産形成に関する金融経済教育の機会提供に向けた取組みを推進するための常設組織を早急に構築すべきである。その際、最低限身に付けるべき金融リテラシーを体系的に整理した金融リテラシー・マップの内容を踏まえつつ、家計管理や生活設計等のほか、消費生活の基礎や社会保障・税制度、金融トラブルに関する内容も含めて、広範な観点から金融リテラシーの向上に取り組むべきである」（同報告９頁）としています。

紹介されている金融リテラシー・マップは、「家計管理」「生活設計」「金融知識及び金融経済事情の理解と金融商品の利用選択」「外部の知見の適切な活用」の４分野に分かれ、その内容を、年齢層別に、体系的かつ具体的に記したものです。

(D)　衆議院財務金融委員会附帯決議における金融経済教育

衆議院財務金融委員会は、2023年の法改正に際し、金融経済教育推進機構について概要を次のとおり附帯決議（2023年６月７日）をしました（参議院財務金融委員会も同旨の決議をしています）。すなわち、附帯決議では、①金融経済教育推進機構の目的は、金サ法82条の基本方針の内容に完全に含まれるものでないこと、②従来、金融広報中央委員会が扱ってきた家計管理・生活設計や消費者被害防止等も含まれ、金融リテラシー・マップを基本としたものを通じて行われること、③従来、金融広報中央委員会が実施してきた取組みの意義・成果を踏まえ、活動内容を充実させ、金融経済教育が広く国民に提供されるよう取り組むこととされています。

(E) 資産形成支援施策推進に関する基本方針における金融経済教育

2024年3月15日に閣議決定された資産形成支援施策推進に関する基本方針では、「国民の安定的な資産形成に関する教育及び広報の推進」の項において、「国民一人ひとりが、経済的に自立し、より良い暮らしを実現していくとともに、社会の一員として、健全で質の高い金融商品や家計金融資産の有効活用により、公正で持続可能な社会の実現に貢献することができるという視点を持つことも重要」とされ、「長期・積立・分散投資の意義」「金融トラブルから身を護るための知識」「金融リテラシーの向上における消費者教育との連携」「社会保障教育との連携」「私的年金等の普及促進」「学校・教員向け支援」とともに「金融経済教育推進機構における教育及び広報」について述べられています。

(3) 組 織

金融経済教育推進機構は、政府等が出資する法人であり（金サ法87条・89条1項）、設立、資本金の増加、定款変更には内閣総理大臣の認可が必要です（同法95条・89条2項・132条）。

役員として理事長、理事（3名以内）、監事（1名）がおかれています（金サ法107条）。理事長、監事は内閣総理大臣の任命によります（同法95条2項・109条）。重要事項（定款変更や業務方法書の作成・変更、予算・事業計画の作成または変更、決算等）については、理事長、理事、8名以内の委員からなる運営委員会の議決を経なければなりません（同法99条・100条）。

(4) 業 務

金融経済教育推進機構は、次の業務を行います（金サ法119条1号～4号）。内閣総理大臣の認可を受けて、この業務の一部を第三者に委託することもできます（同法120条）。

① 金融経済教育

② 国民が金融経済教育を容易に受けられるよう、必要な情報の収集・整理・提供、金融経済教育を担う人材の養成および資質の向上その他の支援

③ 金融経済教育の推進に関する調査研究

④ これらに附帯する業務

金融経済教育推進機構は業務方法書を作成し内閣総理大臣の認可を受けなければなりません（金サ法121条）。業務方法書の内容を変更するときも同様の手続が必要です。

国、地方公共団体は、金融経済教育推進機構の求めに応じ、同機構に対し、資料を交付し、または閲覧させることができます（金サ法122条１項）。同機構は、国、地方公共団体、民間事業者等に対し、資料提供、意見表明、説明等の協力を求めることができます（同条２項）。

(5) 顧客の立場に立ったアドバイザー

金融経済教育推進機構は、一定の要件に合致し所定の審査を通過した者（個人）を、特定の事業者に偏らない中立性を有する顧客の立場に立ったアドバイザーとして認定・公表（認定アドバイザー）します。認定アドバイザーは、それぞれの業務において、家計管理、生活設計、NISA・iDeCo 等の資産形成支援制度、金融商品・サービス、消費生活相談等についてアドバイスを行うことが想定されています。

認定要件は、金融商品の組成・販売等を行う役職員でないこと、顧客に対するアドバイスの信頼性・公正性に影響を及ぼしうる報酬を得ていないこと、一定の資格と業務経験を有すること等とされ、研修を受けるなどが必要とされます。

(6) その他

国は、金融経済教育の推進を図るために必要な資金の確保に努めます（金サ法134条）。

Q7 金商法の目的と内容

金商法は、どのようなことを目的とした法律ですか。また、その内容はどのようなものですか。

▶▶▶ Point

① **金商法は、「究極的な目的」として、国民経済の健全な発展と投資者保護の二つを掲げています。**

② **その「究極的な目的」を達成するために、有価証券の発行および金融商品等の取引等を公正にし、有価証券の流通を円滑にするほか、資本市場の機能の十全な発揮による金融商品等の公正な価格形成を図ることを「直接的な目的」にしています。**

③ **金商法は、①②の目的を受け、行政規制、私法規制、刑事罰など複数の手法を組み合わせて規制する構造になっています。**

1 金商法の目的

(1) 金商法の目的規定

金商法1条は、「①企業内容等の開示の制度を整備するとともに、金融商品取引業を行う者に関し必要な事項を定め、金融商品取引所の適切な運営を確保すること等により、②有価証券の発行及び金融商品等の取引等を公正にし、有価証券の流通を円滑にするほか、資本市場の機能の十全な発揮による金融商品等の公正な価格形成等を図り、③もつて国民経済の健全な発展及び投資者の保護に資することを目的とする」と定めています(①②③は筆者加筆)。

(2) 「究極的な目的」の意義と関係

金商法1条が定める同法の目的は次のように解釈されます。

まず(1)で引用した金商法１条の①の部分は、証取法の目的にはなく、法の目的そのものというより、目的を達成する手段と考えられます。

次に②と③は、②は「直接的な目的」、③の「国民経済の健全な発展」と「投資者の保護」は「究極的な目的」を示していると解されます。

ところで、この二つの「究極的な目的」については、証取法の時代から、その意義と関係をどのように解釈すべきか見解が分かれていました（証取法では「国民経済の適切な運営」と「投資者の保護」と規定されていました）。

両者を並列する二つの別の目的と考え、いずれが金商法の真の目的かという論点を設定し、国民経済の健全な発展、すなわち健全な市場の発展こそが目的であって、投資者保護は市場の成立条件であるとする見解（市場法説）と、投資者保護こそが法の目的であり、市場の健全な発展は投資者保護の間接の効果であるとの見解（投資者保護説）がありました。

金商法の時代になってからも、両者それぞれがいずれも達成されるべき目的であり、一方が他方の手段となるものではないとする見解（二元説）、原則として市場法説に立ちながら、市場が機能を発揮するには情報の非対称・交渉力格差を縮減する必要があるから、投資者の保護が法の第１の目的となり、投資者の市場に対する信頼を確保するためには資本市場の健全性を確保することが第２の目的となるとする見解（新二元説）もあります。

さらに、「国民経済の健全な発展」と「投資者の保護」は共に法の目的であるが、両者は異なる目的ではなく、資源の効率的な配分の達成という点で一致するという見解（統合説）もあります。

しかし、両者が別の概念だとしても、投資者の保護を図ることが資本市場の機能を十全に発揮させるために必要であり、国民経済の健全な発展こそ投資者の保護に結び付くという意味では、両者が密接不可分な関係にあるのは間違いありません。この密接不可分な二つの目的がいずれも金商法の目的であるというのが、結論になると思われます。

2 金商法の概要

(1) 法の体系

(A) 情報開示制度

金商法1条の目的規定にも掲げられているように、情報開示は法の目的達成の手段として非常に重要であることが強調されています。第2章は企業内容等の開示という章立てで、開示制度が規制されています。

その内容は、発行段階では、発行者や上場会社など一定の者に有価証券の価値に関する情報を強制的に開示させ、投資者が発行市場で企業の資金調達に応じたり、発行済みの有価証券を売買するにあたって、投資判断の資料を得られるようにするものです。

具体的には、募集、売出しの際の情報開示は、有価証券届出書および目論見書（金商法5条・13条）によって行われます。法は、その記載事項を定め、投資判断に必要な情報が開示されるようにしています。

また、上場会社については、発行後継続的な開示義務を課し、有価証券報告書、半期報告書の定期的な発行を義務づけています。なお、四半期報告書は、2023年の改正で廃止され、証券取引所規則で運用されている四半期決算短信に一本化することとなりました。

開示が不十分な場合は、投資者の利益が害されるだけでなく、健全な市場形成も阻害されることになります。

(B) 不公正取引の禁止

市場で不公正な取引が行われると、有価証券やデリバティブの価格形成にゆがみが生じ、健全な市場が形成されないことになります。また、そのような市場に参加しようとする投資者は減ってしまいます。金商法では、インサイダー取引を厳しく規制し、そのほかの不公正な取引の禁止として、相場操縦の禁止（同法159条）、風説流布・偽計の禁止（同法158条）等の規制を行っています。そのほか損失補塡の禁止（同法39条）も不公正な取引禁止の意義を有すると考えられます。

(C)　業規制

投資者を市場に参加させ、投資者と発行者の仲介をするなどの業務を担う金融商品取引業者は、投資者保護と市場の健全化の両面において重要な役割を果たしています。そのため、業務を適正に行わせるための規制を設けています。開業規制、業務規制、財務規制などがおかれ、また監督官庁による監督が行われます。

(2)　規制の手法

金商法の規制は、行政規制、私法規制、刑罰規定により行われます。これらが分野ごとに応じて、あるいは組み合わされて用いられています。

行政規制とは、事業者の登録を求め、登録業者の行為を規制・監督するのが主なものですが、そのほか発行者が規制の対象となることもあり、また、インサイダー取引違反のときなどは一般投資家も課徴金納付命令の対象となります。

私法規制とは、私人間の契約を無効としたり、規制違反に損害賠償責任を定めたりするものを指します。

刑事罰は、ディスクロージャー規制違反や不公正取引の禁止違反など重大な違反に対して科せられます。

このように、金商法は単なる事業者に対する行政上の取締規定ではなく公法・私法・刑事法の複合的な法律です。

コラム③　公的規制・自主規制とその調査

金融商品の取引に関する規制としては、法令による公的規制と自主規制機関や業界団体による自主規制があります。このうち、公的規制としては、金商法、金サ法、銀行法、保険業法、信託業法、不特法、商先法などがあり、このうち、証券取引を規律するのは主に金商法と金サ法です。

金商法・金サ法には販売勧誘規制等の行為規制が規定されていて、これらを具体化したものとしてするものとして、金融庁は、監督指針（金融商品取引業者等向けの総合的な監督指針および金融サービス仲介業者向けの総合的な監督指針）を定めています。これらの監督指針は、金融庁が日常の監督事務を遂行するために、包括的かつ横断的に、監督の考え方や監督上の着眼点と留意点、具体的監督手法等を整備したものです。金融監督のための指針であるとはいえ、民事上の損害賠償義務の根拠となる適合性の原則違反や説明義務違反等を検討するにあたって、解釈上の指針ともなりうるものです。これらの監督指針は、金融庁のウェブサイトで見ることができます。

自主規制機関が作成する自主規制ルールとしては、有価証券取引等についての公正な取引を実現するために日本証券業協会が定めた自主規制規則、統一慣習規則、紛争処理規則などがあり、細則、ガイドラインが定められています。投資家保護の関係では、協会員の投資勧誘、顧客管理等に関する規則が重要です。これらの規則は、同協会のウェブサイトで見ることができます。

このほか、投資信託委託会社の自主規制機関である投資信託協会、金融先物取引を行う銀行・証券会社・FX 会社の自主規制機関である金融先物取引業協会、匿名組合契約等のファンド販売業務等にかかわる第二種金融商品取引業者による自主規制機関である第二種金融商品取引業協会も、それぞれ自主規制規則を定めており、それぞれのウェブサイトで閲覧できます。

Q8 金融商品取引の被害救済における金商法と民法の役割

金融商品取引で被害に遭った場合、金商法と民法は、その救済にどう役立つのでしょうか。

▶▶▶ Point

① 金融商品取引被害を直接救済する主な法律は、私人間の法律関係を規律する法律である民法です。

② 民法の錯誤や公序良俗違反等の規定は、契約（取引）の拘束からの解放により救済を図る場合の根拠になります。

③ 被害救済の実務では、民法上の不法行為に基づく損害賠償請求による救済が広く行われています。金商法違反の事実は、不法行為の違法性を根拠づける重要な要素となり得ます。

1 契約の拘束からの解放

金融商品取引は、契約ですから、不当な契約をしたことにより被害を被った場合は、その被害からの救済を求める方法として、その不当な契約による拘束からの解放ができるかを検討します。

その主張の方法としては、①意思表示の不一致による契約不成立（民法521条以下）、②公序良俗違反（同法90条）、強行法規違反（同法91条）、虚偽表示（同法94条）による無効、③錯誤（同法95条）、詐欺・強迫（同法96条）、未成年（同法５条）による取消し、④債務不履行解除（同法541条・542条）などが考えられます。そのほか、消契法、金商法171条の２（無登録業者による非上場の株式・社債等の販売の場合）、特商法（無登録業による株式や社債等の訪問販売や電話勧誘販売の場合）などの特別法による主張もあり得ます。

これとは別に、契約の拘束の有無にかかわらず、民法の不法行為に基づく損害賠償請求をする方法があります（同法709条）。

契約の拘束からの解放による被害救済は、損害賠償請求による被害救済と比べると、過失相殺の可否、時効期間等で有利な面がありますが、各事例にうまく合致しないなど功を奏さない場合も少なくありません。実際、金融商品取引被害からの救済の多くは、不法行為に基づく損害賠償請求の形をとるのが実情です。そこで、以下では、不法行為に基づく損害賠償請求について詳しく説明をし、その場面における金商法の役割についても述べます。

2 不法行為に基づく損害賠償請求

⑴ 不法行為に基づく損害賠償請求における金商法の位置づけ

金融商品取引被害における不法行為の違法要素の典型例として、①適合性の原則違反、②説明義務違反、③不当勧誘（断定的判断提供、確実性誤解告知、虚偽告知等）があげられます。そしてこの中でも、説明義務違反を理由として損害賠償を命ずる判決が、とりわけ多いといえます。

金商法の行為規制には、適合性の原則（同法40条１号）、説明義務（同法38条９号、金商業等府令117条１号）、不当勧誘禁止（同法38条１号・２号・157条）の規定があります。これら規定はあくまで業法すなわち取締法規ですから、直接に民事効を生じるわけではありませんが、適合性の原則、説明義務や不当勧誘禁止の規定違反は、不法行為における違法性を判断するための指標として機能します。以下で、各場合について説明します。

⑵ 適合性の原則違反

金商法40条１号は、金融商品取引業者等は、金融商品取引について、顧客の知識、経験、財産の状況および金融商品取引契約を締結する目的に照らして不適当と認められる勧誘を行って投資者の保護に欠けることになっており、または欠けることになるおそれがあることのないように、その業務を行わなければならないことを定めます（適合性の原則）。

最高裁平成17年７月14日判決・判時1909号30頁は、「証券会社の担当者が、顧客の意向と実情に反して、明らかに過大な危険を伴う取引を積極的に勧誘するなど、適合性の原則から著しく逸脱した証券取引の勧誘をしてこれを行わせたときは、当該行為は不法行為法上も違法となると解するのが相当である」とし、適合性の原則違反が不法行為となりうることを明示しました。

このように、適合性の原則違反は、不法行為の一類型として損害賠償請求の根拠となります。

⑶　説明義務違反

金商法の前身である証取法に説明義務を明示した規定がいまだない中、東京高裁平成８年11月27日判決・判時1587号72頁は、「証券会社及びその使用人は、投資家に対し証券取引の勧誘をするに当たっては、投資家の職業、年齢、証券取引に関する知識、経験、資力等に照らして、当該証券取引による利益やリスクに関する的確な情報の提供や説明を行い、投資家がこれについての正しい理解を形成した上で、その自主的な判断に基づいて当該の証券取引を行うか否かを決することができるように配慮すべき信義則上の義務（以下、単に「説明義務」という。）を負うものというべきであり、証券会社及びその使用人が、右義務に違反して取引勧誘を行ったために投資家が損害を被ったときは、不法行為を構成し、損害賠償責任を免れない」と判示しました。この判決以後同種の判決が続き、一般不法行為（信義則）に基づく説明義務違反の判例法理が定着し、金サ法（金販法）や金商法の規定制定に影響を与えました（Q28参照）。

他方、金サ法や金商法の規定は、信義則上の説明義務検討の際にも参考となり得ます。

民法１条２項の信義則に基づく説明義務に違反すると不法行為となることは、最高裁判決でも認められています。たとえば、出資の勧誘に関する最高裁平成23年４月22日判決・判時2116号53頁は、契約を締結するか否かに関する判断に影響を及ぼすべき情報を提供しない場合に信義則上の説明義務違反として不法行為による損害賠償責任が生じうることを明らかにしています。そして、金利スワップの勧誘に関する最高裁平成25年3月7日判決・判時2185号64頁、最高裁平成25年3月26日判決・判時2185号67頁や複雑な仕組取引の勧誘に関する最高裁平成28年3月15日判決・判時2302号43頁等の判例では、金融商品についての説明義務の対象を、「取引の基本的な仕組み」と「リスク」であるとする判断枠組みが採用されていると考えられています。

(4) 不当勧誘

金商法は、断定的判断提供・確実性誤解告知を伴う勧誘（金商法38条2号）、虚偽告知を伴う勧誘（金商法38条1号）等を禁止しています。

そして、これらは不当勧誘の一種と位置づけられ、いずれも判例上、不法行為の一類型として、損害賠償請求の根拠となっています。たとえば、変額保険の勧誘に関する最高裁平成8年10月28日判決・金法1469号51頁は、保険外務員が断定的判断を提供した行為は違法であるとして不法行為に基づく損害賠償責任を認めています。また、株式購入の勧誘に関する最高裁平成9年9月4日判決・判時1618号3頁は、断定的判断の提供が社会通念上許容された限度を超えるものであるかなど不法行為の成否について審理を尽くさせるために原審に差し戻しており、断定的判断の提供が不法行為となりうることを示しています。

Q9 金商法と消契法・特商法との適用関係

三日前、自宅を訪問してきた人から未公開株の購入を勧誘されました。「出ていってほしい」と伝えたにもかかわらず、「半年後には必ず上場し購入額の倍になる」と勧誘され、結局300万円を振り込んで支払ってしまいました。消契法による取消しや特商法によるクーリング・オフ解除はできるのでしょうか。

▶▶▶ Point

① **消契法は、金商法の適用対象となる取引か否かにかかわらず、顧客が消費者であれば適用されます。**

② **特商法は、金商法の適用対象となる取引を登録業者が行う場合は適用されませんが、無登録業者の訪問販売などには適用されます。**

1 消契法と特商法の適用の可能性

金商法は、投資者の保護を目的としていることから、投資者が被害を受けないように法規制や民事効を定めています。また、金サ法も、投資家保護の観点から、不適切な説明や勧誘を行った場合の損害賠償責任を事業者に課しています。

他方で、投資者が消費者でもある場合や、訪問販売が行われた場合には、消費者保護を目的とした消契法や、特商法の適用を受けることもあります。

今回のケースでは、それぞれの法律がどのように適用されていくのかについて検討していきます。

なお、金商法には刑事罰や行政処分の根拠としての行政規制法規としての役割もありますが、2のように、金商法の中に契約の無効といった民事効等を規定するものもあります。

2 金商法と消契法との関係

原則として、消費者対事業者間の取引であれば、金融商品取引業者の取引も、無登録業者の取引も消契法の適用対象となります。

設問のように、物品、権利、役務その他の当該消費者契約の目的となるものに関し、「上場するかどうか」といった将来における変動が不確実な事項について「半年後には必ず上場し購入額の倍になる」といった断定的判断の提供については、消契法上、不当勧誘にあたり、これを誤信して契約を締結した場合には消費者はその契約を取り消すことができます（同法4条）。

他方で、金商法および金サ法でも断定的判断の提供については不当勧誘として禁止しており、金商法上、金融商品取引業者等は行政監督上の処分対象となり（金商法51条・52条）、金サ法上、金融商品販売業者等は（登録の有無にかかわらず）損害賠償義務を負います（金サ法4条・6条）。

金融取引にみえても、規制対象となる商品形態を避けている場合など金商法や金サ法による保護が及ばないおそれにある事例もあります。そのような被害を救済するときには、消契法の断定的判断の提供の規定が活用できます。

また、退去してほしい旨の意思表示が消費者からなされたにもかかわらず、事業者が退去せずに勧誘を続け、これに困惑した消費者が契約を締結した場合は、消契法の不当勧誘（困惑類型）に該当しますので（同法4条3項1号）、これにより契約の取消しを主張できます。

3 金商法と特商法との関係

特商法では、たとえ訪問販売の形をとっても、金商法の適用対象となる取引を登録業者が行う場合については適用除外としています（特商法26条1項8号イ）。

特商法がこのような適用除外を定めているのは、上記の取引については、金商法によって、行政機関の監督と是正処置等により消費者保護が図られていることが理由となっています。

他方、無登録業者が訪問販売で株式等の社員権や社債等の金銭債権を販売する場合は金商法上の行為や監督が及びません。したがって、この部分には特商法の適用があり、そのことは、これらを特商法上の「特定権利」とすることで明確にされています（同法2条4項）。この場合、訪問販売における法定書面交付義務や行為規制も及ぶとともに、法定書面交付後8日間以内であれば契約の解除（クーリング・オフ）（同法9条）も認められることになりますし、契約締結時に書面を交付していなければいつまでもクーリング・オフすることができます。なお、2023年6月1日施行の改正法に一定の要件の下で法定書面記載事項の電子交付が可能となったことには留意が必要です（同法4条）。

また、「CO_2排出権」「知的財産権」「シェールガスや風力発電の施設運用権」「水や天然ガスの採掘権」「外国の土地利用権」といった「権利の販売」と称する取引については、その実態が労務または便益の提供（たとえば、投資スキームの一環として「権利の販売」という名目で消費者からの投資を求め、投資を行った事業から得られた収益の分配（便益の提供）を約束して取引を行っている場合）であれば、「役務の提供」に該当し、特商法の適用を受けることが消費者庁・経済産業省の通達で明確化されました（「特定商取引に関する法律等の施行について」（2023年4月2日））。

なお、通信販売の場合、原則として特商法上クーリング・オフはできませんが、金商法では、契約締結時の情報提供が原則として必要となるところ（同法37条の4）（2023年改正法施行前は書面交付義務）、政令指定の取引（現時点では投資顧問契約のみ）については契約締結時の情報提供から10日間以内であればクーリング・オフができる制度があります（同法37条の6）。

Q10 金商法以外の投資取引の業法規制

証券会社が扱っている投資商品以外にも、商品先物取引や、生命保険や預金でも大きく儲けよう、などということをうたった商品がありますが、これらについての法規制の内容はどのようなものでしょうか。

▶▶▶ Point

① 商品先物取引については、商先法により、各種の規制が定められています。

② 投資性の高い生命保険は、保険業法により規制されているとともに、「特定保険」として金商法が準用されています。

③ 投資性の高い預金は、銀行法により規制されているとともに、「特定預金」として金商法が準用されています。

1 証券投資以外の投資、投機

金商法で直接規制されているもの以外に、同様の勧誘規制の制度が定められているものとして、商品先物取引、生命保険、預金について以下で解説します。

2 商品先物取引

商品先物取引については、証券取引以上に、古くから投資被害が問題になってきました。商品先物取引では、原則として不招請の勧誘を禁止するなど、証券取引より厳しい勧誘規制が、主に商先法に定められています。商品先物取引の投資被害については、ほかの書籍（日本弁護士連合会消費者問題対策委員会編『先物取引被害救済の手引〔10訂版〕』（2012年）等）や判例集（先物取引被害全国研究会編『先物取引裁判例集1巻～85巻』（1982年～2022年等）が出版、販売されていますから、そちらをご覧ください。

3　特定保険の規制

保険契約の中でも投資性の高い保険（特定保険）については、投資者保護を図る必要があります。そこで、保険業法では、金商法による行為規制を一定の範囲で準用しています。また、特定保険契約には保険業法における保険としての一定の行為規制も課されます。

⑴　特定保険契約

特定保険とは、保険契約のうち、「金利、通貨の価格、金商法２条14項に規定する金融商品市場における相場その他の指標にかかる変動により損失が生じるおそれがある保険契約として内閣府令で定めるもの」とされ（保険業法300条の２）、保険業法施行規則234条の２では、特定保険契約の範囲を、①特別勘定設置の保険契約、つまり変額保険、変額年金と、②解約返戻金変動型保険・年金、③外貨建て保険・年金（外貨損害保険で保障型かつ事業者向けを除く）と規定しています。

⑵　取引規制

特定保険に関する取引規制としては、まず金商法の規定のうち、適合性の原則、説明義務、広告規制、契約締結前の情報提供義務、契約締結時の情報提供義務に関する規定等を準用しています（保険業法300条の２）。このうち、金商法38条９号を準用することによる特定保険契約の締結または保険募集に関する禁止行為は、保険業法施行規則234条の27に規定されています。

次に、特定保険には保険としての規制も課されます。保険業法では、保険会社、保険募集人等は、保険契約の締結または保険募集に関して、情報提供義務（同法294条）、意向把握義務（同法295条）が課され、また、次の行為が禁止されています（同法300条１項１号～９号）。

①　顧客に対し虚偽告知・契約条項のうちの重要事項不告知

②　顧客の虚偽告知教唆

③ 顧客の告知妨害・不告知教唆

④ 不利益事実不告知乗換え

⑤ 保険料の割引、割戻等の特別利益提供（約束）

⑥ 比較誤解告知・表示

⑦ 契約者配当、剰余金分配等、金額不確実な事項についての断定的判断提供、確実性誤解告知・表示行為

⑧ 保険持株会社等が特別利益供与を約し、または提供していることを知りながら、当該保険契約の申込みをさせる行為

⑨ 内閣府令で定める行為（保険業法施行規則234条1項1号～19号）

⑶ 金サ法の適用

そして、保険契約の締結は、金サ法の適用も受けることから、①取引の仕組み等により元本欠損のおそれがある旨、②保険会社等の信用悪化によって元本欠損のおそれが生じることがある旨、③解約期間の制限や権利行使期間の説明義務が課せられることになります。

⑷ クーリング・オフ等

保険業法には、一定の場合、クーリング・オフができる旨が規定されています（同法309条、保険業法施行令45条、保険業法施行規則241条）。特定保険については、さらに特定早期解約制度が定められ、変額保険商品、外貨建て保険商品等の投資性保険商品で一定の要件を満たすものについては、契約成立から10日以上の一定の日までの間に、特定早期解約した場合に限り、返戻金の計算に際して解約手数料をゼロとして、販売手数料などの費用として保険料から控除されていた分を加算して、契約者に返還されることになります（保険業法施行規則11条3の2号）。

⑸ 裁判例

特定保険についての裁判例としては、変額保険に関するものがあります。①最高裁平成8年10月28日判決・金法1469号51頁、②横浜地裁平成8年9月4日判決・判タ922号160頁、③東京高裁平成14年4月23日判決・金商1142号

7頁、④東京高裁平成16年2月25日判決・金商1197号45頁、⑤東京高裁平成17年3月31日判決・金商1218号35頁、⑥東京地判平成17年10月31日判決・金商1229号12頁などです。

4　特定預金の規制（銀行法等）

⑴　特定預金

投資性の高い預金を特定預金といい、銀行法13条の4で、金利、通貨の価格、金商法2条14項に規定する金融商品市場における相場その他の指標にかかる変動により元本について損失が生じるおそれがある預金または定期積金等として内閣府令で定めるものをいうと定義づけられています。銀行法施行規則14条の11の4では、特定預金を、①一定の条件を満たすデリバティブ預金、②外貨預金、③通貨オプション組入型預金としています。

⑵　取引規制

特定預金の取引規制としては、銀行法で、金商法の規定のうち、適合性の原則、説明義務、広告規制、契約締結前の情報提供義務、契約締結時の情報提供義務等に関する規定を準用しています（銀行法13条の4）このうち、金商法38条9号を準用することによる特定預金契約の締結に関する禁止行為は、銀行法施行規則14条の11の30の2に規定されています。

また、銀行法13条の3では、銀行の業務一般に共通する禁止行為として、虚偽のことを告げる行為、断定的判断の提供、確実であると誤認されるおそれのあることを告げる行為、また、銀行の特定関係者その他密接な関係を有する者と取引を行うことを条件に信用を供与することがあげられています。

⑶　金サ法の適用

そして、預貯金類の契約は、金サ法の適用も受けることから、同法上の、①取引の仕組み等により元本欠損のおそれがある旨、②銀行等の信用悪化によって元本欠損のおそれが生じることがある旨、③解約期間の制限や権利行使期間の説明義務が課せられることになります。

5 その他の規制

不動産の共同投資に関しては、不特法に勧誘規制等が詳しく定められているほか、金商法の適合性の原則等が準用され（不特法21条の2）、一定の規制がなされています。

また、信託に関しては、信託業法において、特に運用型信託につき、金商法の規定が多数準用され（信託業法24条の2）、規制がなされています。

コラム④ 投資商品規制の横断化と「隙間」

(1) 投資商品規制の横断化

2006年6月、証取法から金商法への法制度の改正が行われた際、投資性の高い金融商品に対する横断的な投資者保護法制（投資サービス法制）の構築が所期され、規制対象商品の拡大と規制対象業務の横断化が行われました。

まず、規制対象商品に関しては、投資性の高い金融商品をできるだけ包括的に規制するという観点から、規制対象となる「有価証券」（広義）およびデリバティブ取引の範囲が大幅に拡大されました。

すなわち、まず、「有価証券」（広義）の範囲が、拡大されました。たとえば信託受益権の全般がみなし有価証券として規制対象となりました（金商法2条2項1号・2号）。また、集団投資スキーム（ファンド）持分が定義され、これを包括的にみなし有価証券と扱って、規制対象とすることとされました（同法2条5号・6号）。

また、デリバティブ取引については、従前からの限定列挙方式が維持されているものの、証取法下では有価証券に関する「デリバティブ取引」のみが対象とされていたのが、金商法では、ほかの法律で規制されていた外国為替証拠金取引や商先法の規定する商品の一部を含め、暗号資産のような新たな取引も追加し、幅広い資産、指標に関する取引やさまざまな類型の取引が規制対象とされるに至っています。その中には通貨・金利スワップ取引や天候デリバティブ取引も含まれています（同法2条20項～25項）。

次に、規制対象業務に関しては、従前の縦割り業法が見直され、いわゆる証券業のほか幅広い業務が「金融商品取引業」と位置づけられ、登録制により横断的に規制されることとなりました（金商法2条8項・29条）。

証取法では、有価証券の発行者自身による「販売・勧誘」業務（いわゆる自己募集）は、規制対象とされていませんでしたが、金商法では、集団投資スキームの持分等の自己募集も規制対象となりました（同法２条８項７号）。

また、有価証券・デリバティブ取引に関する「販売・勧誘」のほか「投資助言」「投資運用」についても、登録制により横断的に規制されることとなりました。集団投資スキームの財産を、主として有価証券・デリバティブ取引への投資として運用する業務（いわゆる自己運用）についても、投資運用業として規制対象とされました（金商法２条８項15号）。

こうした金商法制定に伴う規制改革に合わせ、仕組預金や外貨預金、変額年金保険などの投資性の高い金融商品には、銀行法、保険業法などそれぞれの業法の改正によって、金商法に準ずる販売・勧誘ルールが適用されるようになりました。

⑵　対象取引の「隙間」問題

「投資性のある金融商品」をできるだけ包括的に規制するという観点からは、金商法の規制対象を、「投資取引」などの抽象概念でひとまとめにする、という方向も考えられるところですが、金商法は、規制対象を「有価証券」（広義）とデリバティブ取引に限定したうえで、その範囲を拡大するという枠組みで対処しています。そこで、金商法制定後も、新しく出現した投資取引が、同法の規制対象から漏れてしまい、そのため、投資被害が実効的に抑止できない、といった事態（いわゆる「隙間」問題）が発生してきました。

たとえば、「CO_2排出権取引商法」の投資被害がそれです。この商法は2011年頃に急増した悪質商法で、事業者が提示するCO_2排出権（二酸化炭素排出権）の価格を差金決済指標とする私的な差金決済取引（または海外の取引所における取引を仲介すると称するもの）でした。悪質事業者が、CO_2排出権取引は、商先法上の「商品」（同法２条１項）に該当せず、金商法上の「デリバティブ取引」（同法２条20項～25項）にも該当せず、そのため無登録業者の販売・勧誘行為が直ちに違法とはならないことに目を付けて実行したものでした。

この点、消費者庁は、2016年の特商法改正に際し、訪問販売、通信販売、電話勧誘販売の適用の対象となる範囲を拡大し、「社債その他の金銭債権（CO_2排出権等）」「株式や法人の社員権（未公開株等）」についても「特定権利」として規制対象としました（同法２条４項）。これに合わせて、「CO_2排出権」といった権利の販売と称するものの実態が労務または便益の提供であれば、「役務の提供」に該当し、特商法の対象となることを通達で明確化しました。もっとも、詐欺的な投資取引について、特商法の規制枠組みだけで、被害を実効的に抑止できるかという問題が残っています。

また、2018年に破産したジャパンライフ株式会社の商法は、典型的な預託商法型の詐欺的投資取引でした。消費者庁は、ジャパンライフ株式会社に対し、預託法違反や特商法違反を認定して繰り返し業務停止処分を行ってきたものの、被害の拡大を食い止めることができませんでした。かかる事態を受け、預託法の大規模な改正が行われ、販売を伴う預託等取引の勧誘は、原則的に全面禁止となり、違反に対しては重い刑罰が科せられることとなりました。

しかし、今後とも、投資家保護に隙間が生じる余地が残っています。金商法が、投資性金融商品に対する包括的な規制をめざすならば、法令または解釈の見直しが必要です。

Q11 クラウドファンディングの種類と規制

ウェブサイト内で申込みするだけでファンドに投資できるというウェブサイトを見つけました。申込みをしようと思いますが、注意するべきことはありますか。

▶▶▶ Point

① **クラウドファンディングには、寄付型、購入型、投資型があります。**

② **投資型の場合は、そのウェブサイトの運営業者は金融商品取引業者の登録を受ける必要があります。登録業者は、金融庁ウェブサイトで確認できます。**

③ **登録を受けていたとしても投資結果の安全性は保証されているわけではありません。少額の取扱いのみが認められた事業者については、少額（募集総額１億円未満、一人あたり投資額50万円以下）の限定があります。**

④ **高い利回りや元本の安全性を強調するものは、特に注意が必要です。**

1 クラウドファンディングとは

クラウドファンディングとは、ウェブサイト上で大衆（crowd）から（少額ずつの）資金を調達すること（funding）です。どこにどのような資金需要があるかという情報は、近年の情報革命によって市民に簡単に届くようになりました。応援したい事業や団体を自分で選んで、資金を直接提供したいと考える市民も増えました。その結果、多くの事業者が資金需要者と資金提供者をつなぐ場となるウェブサイトを構築し、今やクラウドファンディングが盛んになっています。

現在みられるクラウドファンディングは３種類あります。第１は、資金提供者に何らの見返りも提供されない寄付型です。たとえば「○○豪雨災害の被害者のために支援金を募る」というものです。第2は、資金提供者に商品やサービスが提供される購入型です。たとえば「発展途上国の貧困者支援のために現地の特産品の購入者を募る」というものです。第3は、資金提供者に投資リターンが提供される投資型です。これには、資金提供者に非上場株式が提供される株式型と、ファンド持分を提供するファンド型があります。たとえば「新規の成長企業の株の購入希望者を1株10万円で募集します」(株式型)、「新規開業の企業に貸し付けるため一口1万円の出資金を募り、元利金が回収できれば利息から分配金を払います」(ファンド型) などというものです。

投資型の利用実績をみると、2017年は18件で合計約5億円、2018年は42件で合計約14億円、2019年は32件で合計約9億円、2020年は69件で合計約21億円が調達され、増加傾向です（第6回金融審議会市場制度ワーキング・グループ（2021年2月18日開催）資料1（金融庁「事務局説明資料（成長資金の供給のあり方に関する検討)」(2021年6月16日更新)))。今後、寄付型、購入型も含めて、クラウドファンディングの利用件数や資金調達額は増加していくものと思われます。

2 寄付型クラウドファンディングの規制

現状では寄付型に特に規制はありません。寄付する先が信用できるかどうかを慎重に確認することが必要です（なお、送金方法によっては、資決法等の規制が適用される場合があります)。

3 購入型クラウドファンディングの規制

購入型は、通信販売に該当します。したがって、販売者の出す表示には特商法および景表法の規制が及びます。また、返品や返金をしてほしい場合は、相手方が事業者であれば、取引DPF法により、一定の要件の下でウェブサイト運営会社に対して、販売業者の電話番号やメールアドレスなどの情報の開示を請求できます（同法５条）。

4　投資型クラウドファンディングの規制

⑴　金商法による規制

投資型クラウドファンティングは、金商法等により規制されます。金商法上、株式の取得者を募るには第一種金融商品取引業の登録が必要となり、ファンドに対する出資を募るには第二種金融商品取引業の登録が必要となります。いずれも厳格な要件を満たす必要があります。クラウドファンディングの拡大はこの規制を緩和する圧力となり、2014年に登録要件を緩和する法改正が行われました。

すなわち、少額（募集総額１億円未満、一人あたり投資額50万円以下）の投資型クラウドファンディングを取り扱う業務を「第一種少額電子募集取扱業務」（非上場株式の場合）または「第二種少額電子募集取扱業務」（ファンドの場合）と呼び、これのみを扱う事業者については、金融商品取引業者としての登録要件を一部緩和しました（金商法29条の４の２第10項・29条の４の３第４項、金商法施行令15条の10の３）。たとえば、登録に必要な最低資本金の額が第一種金融商品取引業の5000万円から1000万円に、第二種金融商品取引業の1000万円から500万円に引き下げられました。なお、第一種・第二種少額電子募集取扱業者は、電話勧誘および訪問勧誘が禁止されます。

インターネットを通じて手軽に多数の者から資金を調達できる仕組みは、詐欺的な行為に悪用されるおそれがあります。そこで、2014年の改正では、インターネットを通じて募集の取扱い等を行う金融商品取引業者等に対し、発行者に対するデューデリジェンスおよびインターネットを通じた適切な情報提供のための態勢整備（金商法35条の３、金商業等府令70条の２第２項）、インターネットを通じた発行者や金融商品取引業者自身の関する情報提供（金商法43条の５、金商業等府令146条の２）、並びに、審査記録や提供情報の保存（金商業等府令157条・181条）等を義務づけました。発行者に対するデューデリジェンスでは、発行者の事業計画や資金使途を適切に審査することなどが求められます。

(2) **貸金業法**

投資したお金がそのファンド業者を通じて第三者に貸し付けられるという仕組みのクラウドファンディングがあります。ソーシャルレンディングとも呼ばれます（コラム⑪参照）。この場合、ファンド業者は、第二種金融商品取引業等の登録とともに、貸金業法者としての登録が必要です。

5 被害に遭わないために

ウェブサイト内で申込みをするだけでファンドに投資しようとする場合、そのウェブサイトの運営業者が第二種金融商品取引業者等の登録を受けていることを確認することが被害に遭わないための第一歩です。登録の有無の確認は金融庁のウェブサイトで簡単にできます。もし登録を受けていない事業者であれば詐欺業者の可能性が高いことになります。

仮に登録を受けていたとしても、金融庁は事業者の信頼性や投資の安全性を保証するものでは全くありません。高い利回りや元本の安全性を強調するものは、特に注意すべきです。悪質業者は必ずといってよいほど高い利回りや元本の安全性を強調して投資を勧誘します。また、第一種・第二種少額電子募集取扱業者には、「募集総額1億円未満、一人あたり投資額50万円以下」という少額の取扱いしか認められていません。この点も注意が必要です。なお、2024年時点でこの上限規制の緩和が検討されています。

第2章
規制対象となる取引

Q12 金商法の規制対象となる取引

金商法の規制対象となる取引の概要を教えてください。

▶▶▶ Point

① **金商法においては、有価証券（みなし有価証券を含む）、デリバティブ取引が規制対象となっています。みなし有価証券の一つとして規定されている集団投資スキーム持分の規定が重要です。**

② **その他の法律では、投資性の高い商品について、金商法を準用する形で規制を行っています。**

1 金商法の対象となる金融商品

金商法は、有価証券の取引とデリバティブ取引に適用されます。

(1) 有価証券

金商法の対象となる「有価証券」（広義）は、さらに、証券・証書が発行されている「狭義の有価証券」と、発行されていない「みなし有価証券」に分けられます（Q13〔図表８〕参照）。

狭義の有価証券は、金商法２条１項に規定されています。国債、地方債、社債、株券、投資信託受益証券、外国証券などのほか、受益証券発行信託の受益証券、抵当証券、学校債などが対象とされています。学校債は、流通性があることなどから政令によって対象となったものです（金商法施行令１条２号）。

金商法２条２項前段は、１項に表示されるべき権利について、証券・証書が発行されない場合も、これを有価証券とみなすとしています（有価証券表示権利）。

金商法２条２項後段各号は、信託受益権、合名会社・合資会社社員権（株

式会社、合同会社が権利をもつ場合に限る。金商法施行令１条の２の２）・合同会社社員権、集団投資スキーム持分、学校に対する貸付債権などを規定しています。学校に対する貸付債権は、政令でみなし有価証券とされています（金商法施行令１条の３の４）。

金商法では、２条１項で規定する有価証券と、同条２項前段で規定する有価証券表示権利、特定電子記録債権、３項で規定する電子記録移転権利をあわせて「１項有価証券」と称し、同条２項後段各号で規定するみなし有価証券を「２項有価証券」と称しています。

有価証券について詳しくは、Q13で説明します。

⑵　デリバティブ取引

金商法のもう一つの対象が、デリバティブ取引です。デリバティブ取引は、市場・店頭・外国市場デリバティブ取引の３種に分けられ（同法２条20項）、それぞれにおける、①金融商品（有価証券、預金契約等に基づく権利、通貨、暗号資産、商品、標準物等。同法２条24項）を原資産とする、先物取引・指数先物取引・オプション取引・指数オプション取引・スワップ取引等、②金融指標（金融商品の価格または利率等、気象の観測の成果に係る数値等。同条25項）を参照指標とする、先物取引・指数先物取引・オプション取引・スワップ取引等、③一定の事由を支払原因とするデリバティブ取引（例：クレジット・デリバティブ取引等）の総称です（同条20項～25項）。

有価証券に限定せず通貨・金利スワップ取引や天候デリバティブ取引など、多様なデリバティブ取引が規制対象となります。なお、CO_2排出権取引に関するデリバティブ取引は、業法規制の対象となっておらず、特商法等の規制対象となります（コラム④参照）。

デリバティブ取引について詳しくは、Q14で説明します。

⑶　暗号資産

暗号資産とは、不特定の者に対して、代金の支払い等に使用でき、電子的に記録・移転できる財産価値で、法定通貨または法定通貨建ての資産ではないもの（1号暗号資産）、もしくは、不特定の者に対して、1号暗号資産と交換でき、電子的に記録・移転できる財産的価値（2号暗号資産）です（資決法2条14項）。

暗号資産そのものについては、資決法で規制対象とされています（Q41参照）。

ただし、暗号資産のうち、配当等収益分配を受けるものは、有価証券の性質を有することから、電子記録移転権利（金商法2条3項）として、有価証券に含まれ、金商法の規制対象となります（Q43参照）。

また、暗号資産を原資産とする暗号資産デリバティブは、デリバティブ取引であり、1(2)のデリバティブ取引の規制対象に含まれることになります。

2 その他の法律で規制される金融商品

金商法以外の法律で規制される投資性の金融商品の例としては、たとえば、預金においては外貨預金や仕組預金（特定預金）（Q10参照）、保険においては変額保険や変額年金保険（特定保険）（Q10参照）、信託においては投資性の高い信託（特定信託）があり、これらについて、それぞれ金商法の一部を準用する形で、金商法と同様の規制を行っています（銀行法13条の4、保険業法300条の2、信託業法24条の2）。

Q13 有価証券

金融商品の規制対象となる「有価証券」とはどのようなものですか。医療機関債は、含まれますか。

▶▶▶ Point

① **金商法の規制対象となる有価証券（広義）は、１項有価証券と２項有価証券に分かれています。１項有価証券は、株式、社債や投資信託等、流通性の高い有価証券です。２項有価証券は、集団投資スキーム持分等、流通性の低い有価証券です。**

② **１項有価証券と２項有価証券では、開示規制、参入規制等の業規制が異なります。**

1　有価証券の概要

金商法上の規制対象となる有価証券（広義）は、資金提供の適正確保と投資者保護の観点から、金商法２条１項および２項に具体的に定められています。金商法上の有価証券（広義）の主要なものは、①投資リターンをもたらしうる権利を表す証券・証書として同法２条１項に具体的に列挙されているもの（狭義の有価証券）、②①と同内容の権利で証券・証書が発行されていないもの（有価証券表示権利、同法２条２項柱書）、さらに③①②以外の投資的リターンをもたらしうる権利として同法２条２項各号に列挙されているものです。

金商法では、４のとおり、流通性の高い有価証券と流通性の低い有価証券とで、規制内容が異なります。

金商法上、注通性の高い証券（有価証券（狭義）、有価証券表示権利、特定電子記録債権、電子記録移転権利）を「１項有価証券」、流通性の低い証券を

「2項有価証券」と呼びます（〔図表8〕参照）。

〔図表8〕 有価証券に関する概念

<table>
<tr><td rowspan="4">1項有価証券</td><td colspan="2">有価証券（狭義）（金商法2条1項）</td></tr>
<tr><td>有価証券表示権利（金商法2条2項柱書）</td><td rowspan="4">みなし有価証券</td></tr>
<tr><td>特定電子記録債権（金商法2条2項柱書）</td></tr>
<tr><td>電子記録移転権利（金商法2条3項）</td></tr>
<tr><td>2項有価証券</td><td>集団投資スキーム持分等（金商法2条2項各号）</td></tr>
</table>

2 1項有価証券

有価証券（狭義）（金商法2条1項）は、国債証券、地方債証券、金融債券、社債券、株券、投資信託受益証券、外国証券、新株予約権証券、投資信託・投資法人等の証券、抵当証券、学校債（金商法施行令1条）など証券が発行されるものです。なお、医療機関債は、金商法の規制対象になっていません。

有価証券表示権利（金商法2条2項柱書）は有価証券（狭義）と同じ権利で、証券を発行しないものであり、登録国債、登録社債、振替社債、株券不発行の株式（振替株式を含む）、証券不発行の新株予約権などです。有価証券（狭義）と同様に扱われます。

特定電子記録債権（電子記録債権のうち政令で指定するもの（金商法2条2項中段））は資金調達手段として利用されうるものであり、金融商品として広く取引されるものを1項有価証券とするとされますが、現在のところ指定されたものはありません。

電子記録移転権利とは、収益分配を受ける権利等のうち、電子情報処理組織を用いて移転することができる財産的価値（電子機器その他の物に電子的方法により記録されるものに限る）に表示されるものをいい、ST（セキュリティトークン）と呼ばれます。これは、１項有価証券とされ（金商法２条３項）、企業内容等の開示制度の対象とするとともに、2020年５月１日以降、電子記録移転権利の売買等を業として行うことを、第一種金融商品取引業に係る規制の対象としました（金商法２条３項・８項16号・３条３号ロ）。

3　2項有価証券

⑴　２項有価証券

２項有価証券は、金商法２条２項各号に規定される、信託受益権、これに類似する外国の者に対する権利、合名会社・合資会社社員権（株式会社、合同会社がすべての権利をもつ場合に限る。金商法施行令１条の２の２）・合同会社社員権、これに類似する外国の法令に基づく権利、集団投資スキーム持分、これに類似する外国の法令に基づく権利、学校に対する貸付債権（父母等以外が複数で行う同一条件での貸付け）などであり、有価証券とみなされます（「みなし有価証券」）。かつての証取法に比して、金商法への改正時に、信託受益権一般と、包括的な規定である集団投資スキーム持分が加わったことにより、対象が拡大されました。上記の学校に対する貸付債権は、政令でみなし有価証券に追加されています（金商法施行令１条の３の４）。

⑵　集団投資スキーム持分

集団投資スキーム持分は、⑴のとおり「みなし有価証券」の一つとされていますが、投資的リターンをもたらしうる権利についての包括的な規定として、重要な規定となっています。

集団投資スキーム持分は、①組合契約・匿名組合契約・投資事業有限責任組合契約・有限責任事業組合契約に基づく権利、社団法人の社員権その他の権利のうち、②出資者が出資または拠出した金銭等（金銭、有価証券、手形、または金銭の全部をあてて取得した競争用馬（金商法施行令１条の３、定義府令５条））をあてて行う事業から生じる収益の配当または財産の分配を受ける権利で、③除外事由に該当しないものです。

有価証券（狭義）でないものを有価証券とみなすことで有価証券としての規制を及ぼそうとするものですが、「出資者が配当を受ける権利」と抽象的に定義して、包括的に規制をかけようとしています。

ここで、①で掲げられている権利は、集団投資スキームの主要な法形式を例示しているにすぎず、「その他の権利」は掲げられたものに限定されるわけではありません。したがって、資金を拠出させて、その資金で事業を行ってその事業から生じる収益の配当または財産の分配を行う取引は、除外事由（金商法２条２項５号イ～ニ）に譲らない限り、広くこの定義に該当することになります。

金商法の対象となると、それを取り扱う事業者には金融商品取引業としての登録が求められて規制当局の監督が及ぶことになり、広告規制や勧誘規制などの規制が適用されます。

4　１項有価証券と２項有価証券の規制

１項有価証券と２項有価証券は、開示規制、参入規制等の業規制が異なります。

開示規制では、１項有価証券は50名以上の者に対して勧誘を行う場合が規制対象になりますが、２項有価証券は、主として有価証券にて運用する集団投資スキーム持分等につき、500名以上の者に取得させる場合が規制対象になります（金商法２条３項・３条、金商法施行令１条の５・１条の７の２）。

参入規制では、１項有価証券の売買や売買の媒介等を行う場合は第一種金融商品取引業の登録が必要です（金商法28条１項）。２項有価証券の売買や売買の媒介等を行う場合は第二種金融商品取引業の登録が必要です（同条２項）。２項有価証券のうち集団投資スキーム持分は、自己募集を行う発行者も第二種金融商品取引業の登録が必要です。

なお、運用規制では、有価証券またはデリバティブに投資運用を行うものが投資運用業として規制対象となり、現実の事業で投資運用を行うものは投資運用業の規制対象となりません。この枠組みの中で、投資法人・投資信託における運用、投資一任勘定契約による運用、信託運用、集団投資スキーム持分における運用が規制対象となり（金商法28条4項）、参入規制として、投資運用業の登録が必要です（Q31参照）。

Q14　デリバティブ取引

金商法の規制対象となる「デリバティブ取引」とはどのようなものですか。金商法の規制対象とならないデリバティブ取引は、どのように規制されますか。

▶▶▶ Point

① デリバティブとは、原資産（債券、通貨、株式、商品等）に含まれるリスクの全部または一部を任意に切り取って取引の対象にしたものです。

② 金商法上の規制対象となるのは、金商法により原資産とされたものに関するデリバティブ取引です。

③ 金商法の規制対象となる金融関連のデリバティブ取引のほか、商先法の規制対象となる商品関連のデリバティブ取引があり、また、業法の規制対象となっていないデリバティブ取引もあります。

1　デリバティブの概要

デリバティブとは、原資産をそれ自体独立した取引対象として契約時点で現実的に移転することなく、原資産に含まれるさまざまなリスクの全部または一部を任意に切り取って取引の対象にしたものです。

金商法は、金融関連のデリバティブ取引および一部の商品関連のデリバティブ取引を規制対象とします。このほか、商先法により規制される商品関連のデリバティブ取引があります。さらに、これら業法の規制対象となっていないデリバティブ取引（CO_2排出権取引に関するデリバティブ等）があります。

金融関連のデリバティブ取引は、金融派生商品ともいわれます。資金需要者に資金を融通する金融取引ではなく、金融デリバティブ取引は原資産の価格変動等に応じて金銭等のやりとりを行うものであり、それ自体は基本的に資金の融通を行うものではなく、（原資産に関する）リスクの移転を行うものです。

2　金商法上のデリバティブ取引

金商法上のデリバティブ取引は、「金融商品」（同法２条24項）または「金融指標」（同条25項）に関する先物取引・指数先物取引・オプション取引・指数オプション取引・スワップ取引、およびクレジット・デリバティブ取引のことです。

まず、原資産となる「金融商品」としては、有価証券、預金契約に基づく権利、通貨、暗号資産、商品等があります。また、「金融指標」としては、金融商品の価格・利率、気象の観測の成果に係る数値、工業品生産指数等があります。これらの詳細は、政令により定められています。

次に、デリバティブ取引の類型については、次のとおりです。

① 先物取引　　先物取引とは、将来の一定の時期において、金融商品または金融指標の受渡しと代金の支払いを約束する取引のことです（金商法２条21項１号・２号）。

② オプション取引　　オプション取引とは、金融商品または金融指標に関する買う権利（コール・オプション）・売る権利（プット・オプション）を売買する取引のことです（金商法２条21項３号・２項３号・４号）。

③ スワップ取引　　スワップ取引のスワップとは「交換」という意味で、スワップ取引とは、将来にわたって金融商品または金融指標について発生する利息や通貨を交換したのと同じ効果を生じるように金銭の支払いを約束する取引のことです（金商法２条21項４号・22項５号）。同じ通貨での異なる利息の交換と同じ効果を生じるスワップを金利スワップといい、異なる通貨の交換と同じ効果を生じるスワップを通貨スワップといいます。

④ クレジット・デリバティブ取引　クレジット・デリバティブ取引とは、当事者の一方が金銭を支払い、あらかじめ定めた事由が発生した場合に、相手方が金銭を支払うことを約する取引のことです（金商法2条21項5号イ・22条5号イ）。

3 デリバティブ取引の場所による分類

デリバティブ取引は、取引が行われる場所によって、「市場デリバティブ取引」「店頭デリバティブ取引」「外国市場デリバティブ取引」に分類されます（金商法2条20項）。

市場デリバティブ取引とは、金融商品市場において、金融商品市場を開設する者の定める基準および方法に従い行う一定類型のデリバティブ取引（金商法2条21項）、店頭デリバティブ取引とは、金融商品市場および外国金融商品市場によらないで行う一定類型のデリバティブ取引（同条22項）、外国市場デリバティブ取引とは、外国金融商品市場において行う市場デリバティブと類似の取引のことです（同条23項）。

第３章
開示規制

Q15 有価証券の発行開示・継続開示の規制

有価証券の発行者が開示規制を受けるのは、どのような場合ですか。また、開示規制によって開示が義務づけられている情報はどのようなものか、その情報をいつ開示しなければならないのか教えてください。また、その情報の正確性はどのように担保されているのでしょうか。

▶▶▶ Point

① 開示規制は、有価証券の価格の形成や、投資者が投資判断をするために必要な制度です。

② 発行開示は、有価証券発行時に、投資者が当該有価証券を取得するか否かを判断するために、証券情報と企業情報を開示させるものです。

③ 継続開示は、有価証券を流通させている上場会社等に対し、投資者が買付け・売却・保有の判断をするために、企業情報を定期的に開示させるものです。

④ 監査証明、内部統制報告書、特別の損害賠償責任、課徴金制度、刑事罰により、情報の正確性が担保されています。

1 開示規制の概要

有価証券の価値は、発行する企業の業績等に左右されます。そのため、投資者に合理的な投資判断をさせ、投資者を保護するためには、有価証券を発行する企業等に対して、必要な情報について真実を、正確に、適切な時期に開示させる必要があります。

そこで、金商法は、有価証券の発行をしようとする者に対し、発行される有価証券の内容や発行価格、申込期限等の有価証券それ自体に関する情報

（証券情報）と、発行者の財務状況や事業の状況等の企業内容に関する情報（企業情報）を開示させることとしています（発行開示）。

また、有価証券の発行後も、当該有価証券を売却するのか保有するのかの判断や、上場されている有価証券の買付けをするか否かの判断をするためには、発行後も継続して企業情報を確認することが必要ですので、定期的に企業情報を開示させることとしています（継続開示）。

2　開示規制の対象となる有価証券

「有価証券」は、金商法２条１項・２項に定義されています（Q13参照）。この定義に該当する金融商品は、原則として開示規制の対象とされますが、有価証券の種類や有価証券の取得勧誘の人数、有価証券の所有者の人数によって開示規制の適用は異なります。

ただし、開示規制を課さなくても投資者保護に欠けることのない有価証券については、企業情報開示の対象外とされています（金商法３条、金商法施行令２条の８～２条の11）。たとえば、発行者が国または地方自治体である場合は信用度が高く債務不履行のリスクがほとんどないことから対象外とされています。また、特別法により法人が発行する債券や、特別法により設立された法人が発行する出資証券は、各特別法により発行が規制されているため、開示規制の対象外とされています。

3　発行開示

金商法は、有価証券を発行しようとする者には、投資者に対して、証券情報と企業情報の両方を開示させることとしています（金商法５条１項）。

１項有価証券については、総額１億円以上の１項有価証券につき50名以上に対し勧誘を行う場合（金商法２条３項・４項・４条、金商法施行令１条の５）が規制対象となります。発行者は、内閣総理大臣に対して有価証券届出書を提出すること（金商法４条１項）、投資者に対して目論見書の作成すること

（同法13条）が義務づけられます。

届出の効力発生前の有価証券の取引は禁止されています（同法15条12項）。また、目論見書は、契約締結と同時かそれ以前に、発行者や証券会社などが投資家に交付する必要があります（同条22項）。

開示規制の対象となる有価証券の申込みの勧誘には、新たな有価証券を発行するために買受人を募集する場合（「募集」。金商法２条３項）だけでなく、既発行の有価証券の所有者が大量に売出す場合（「売出し」。同条４項）も含まれます。売出しをしようとする者は、発行者に対して売出しについての届出をするように要請し、発行者が届出を行うことになります。

申込みの勧誘をする相手方の人数が50人未満の場合は、開示規制の対象となる「募集」、「売出し」に該当しませんが、実際の買受人の人数ではなく、勧誘の相手方の人数であることに注意が必要です。なお、この人数には、証券投資の専門家である適格機関投資家（銀行、保険会社等。定義府令10条）はカウントされません。

一方、開示規制の潜脱を防止するため、買受人から多数の一般投資者に転売されるおそれがある場合は、勧誘の相手方が50人未満でも規制対象となります。加えて、１回あたりの勧誘の相手方が50人未満の発行を繰り返すことを防止するため、過去６カ月以内の同一種類の有価証券の勧誘の相手方は合算してカウントされます。

なお、２項有価証券については、総額１億円以上の有価証券（有価証券に半分以上投資するファンド持分等（金商法３条３号イ、金商法施行令２条の10））につき500名以上が所有（勧誘ではなく所有です）する場合（同施行令１条の７の２）が、開示規制の対象となります。

4 継続開示

継続開示は、有価証券報告書および半期報告書を内閣総理大臣に提出することで行われます。時々の企業情報が開示されます。有価証券報告書は事業年度ごとの提出が必要です。また、1年間で企業の状況が大きく変化する場合もあり、投資者保護に欠けることから、期間を短く区切って企業情報を開示させるため、半期報告書の提出を義務づけています。

有価証券報告書および半期報告書の提出義務が課されるのは、発行の際に有価証券届出書を提出した有価証券の発行者や上場会社等（金商法24条1項）です。有価証券報告書は事業年度終了後3カ月以内に、半期報告書は第2四半期決算後45日以内に、それぞれ提出が必要です。

従前、上場会社には四半期報告書の提出義務が課されていましたが、取引所規則に基づく四半期決算短信と重複することから、効率化のために四半期報告書の提出義務は廃止されました〔2024年4月1日施行〕。その結果、取引所規則に基づく四半期ごとの企業情報開示は、四半期決算短信に一本化されることになります。

上記の報告書のほか、既存株式の希釈化が生じる可能性がある場合、会社の支配関係や経営者の変動があった場合等、次の報告書による開示を待っていては適切な投資判断ができないような重要な事由が生じた場合は、臨時報告書の提出が義務づけられています（金商法24条の5第4項）。

5　財務情報の正確性の担保

開示される情報が正確なものでなければ、正確な投資判断はできません。特に貸借対照表や損益計算書等の財務計算書類は重要です。そのため、外部の独立した専門家（公認会計士または監査法人）の監査証明を受けることが義務づけられています（金商法193条の2第1項）。

しかし、公認会計士等による監査にも限界があります。そのため、企業において売上げを正確に管理するシステムの構築等、財務報告を適正に行うための体制整備も必要です。

そこで、上場会社に対しては、財務書類の適性を確保するための体制について、経営者がその有効性を評価した報告書を、有価証券報告書と合わせて提出することを義務づけています（金商法24条の4の4第1項）。この内部統制報告書についても、公認会計士等による監査証明を受ける必要があります（同法193条の2第2項）。

加えて、次においては、発行者らの損害賠償責任の制度、課徴金制度、刑事罰によっても、情報の正確性が担保されています。

6 開示義務違反の場合の特別の損害賠償責任等

上記の開示義務に違反した結果、投資判断が歪められ、投資者が損害を被ることがあります。開示義務違反があった場合、損害を被った投資者は、発行者やその役員、公認会計士・監査法人、金融商品取引業者等の関係者に対して、民事法上の不法行為責任（民法709条）を追及することができます。

もっとも、有価証券の価格はさまざまな要因に基づき形成されるため、開示義務違反と因果関係のある損害の算定が困難です。そこで、金商法では損害額の算定に関する規定（同法19条1項・21条の2第3項）を設けて、民法上の不法行為責任を修正しています。詳細は次の設問（Q16参照）に譲ります。

また、開示義務に違反した発行者、関与した役員等には、課徴金が課されます（金商法172条）。なお、監査説明をした公認会計士等は、公認会計士法上の課徴金が課されます（同法31条の2・34条の21の2）。

さらに、開示義務違反は刑事罰の対象になります（金商法197条・207条1項）。

7 非財務情報の開示

近年、国際的に、企業経営や投資家の投資判断においてサステナビリティを重視する動きがみられます。それにより、中長期的な企業価値に関連する非財務情報の重要性が増大しています。たとえば、環境、社会、従業員、人権の尊重、腐敗防止、贈収賄防止、サイバーセキュリティ、データセキュリティ等に関する情報への関心が高まっています。

そこで、2023年３月期に係る有価証券報告書等から、サステナビリティに関する企業の取組みや、コーポレートガバナンスに関する開示を拡充する内閣府令等の改正が行われました。

サステナビリティに関するものとしては、サステナビリティ全般に関する企業の取組みを「ガバナンス」と「リスク管理」を必須記載事項として、「戦略」と「指標と目標」を重要性に応じて記載する事項として、それぞれ記載することが求められます（開示府令第３号様式記載上の注意（10-２）、第２号様式記載上の注意（30-２）a・b）。また、人的資本、多様性に関する開示として、女性管理職比率、男性の育児休業取得率、男女の賃金の差異といった指標の開示等が求められます（開示府令第３号様式注意（９）、第２号様式記載上の注意（29）d ないし f）。

コーポレートガバナンスに関するものとしては、取締役会や指名委員会、報酬委員会等の活動状況等の開示、監査の信頼性確保に関する開示および政策保有株式等に関する開示が求められます。

もっとも、サステナビリティ情報は、企業の中長期的な持続可能性に関する事項ですから、将来に関する情報（以下、「将来情報」といいます）が含まれることになります。仮に、事情変更等により、将来情報と実際の結果が一致しなかったことをもって虚偽記載の責任が問われると、企業の開示姿勢が萎縮してしまうおそれがあります。

そこで、一般的に合理的と考えられる範囲で具体的な説明が記載されている場合には、記載した将来情報と実際の結果が異なる場合でも、直ちに虚偽記載等の責任を負うものではないことが明確化されました（企業内容等開示ガイドライン５-16-２）。

Q16 有価証券報告書等の虚偽記載

ある会社の株式を５年前から保有していたところ（１株1000円）、緩やかに下落していたために買い増しをしましたが（１株700円）、その直後、同社が第三者委員会を設置したとの報道がなされました。その後株価の下落が加速したため、さらに買い増しをしました（１株500円）。その後、第三者委員会が同社は過去３年間にわたって虚偽記載をしていたとの報告書を公表し、株価は１株200円にまで下落したまま推移しています。どのような損害賠償請求が可能でしょうか。

▶▶▶ Point

① **会社および役員に対しては、金商法および民法上の損害賠償請求、その他の虚偽記載に関与した者に対しては民法上の損害賠償請求を行うことができます。**

② **金商法の推定規定を利用すれば立証責任が緩和されますが、公表日前１カ月以前から価格が下落していた場合には推定される損害額は限定的です。**

1 請求の相手方および請求の範囲

上場会社の虚偽記載が原因で、自己の保有する株式の価格が下落した場合には、金商法に基づいて、当該虚偽記載をした会社およびその役員等を相手方として損害賠償請求をすることができます。また、民法の不法行為に基づき、会社およびその役員等のほか、虚偽記載に携わった従業員等を相手方として損害賠償請求をすることもできます。

すなわち、金商法上の責任として、会社およびその役員は、上場株式を取得した者に対して、記載が虚偽でありまたは欠けていることにより生じた損害を賠償する責任を負い（会社につき同法21条の2第1項、役員につき同法22条および21条1項）、故意または過失による不法行為が認められる場合、相当因果関係の認められる損害につき、賠償責任を負います（民法709条）。また、虚偽記載に携わった従業員等は、故意または過失によって他人の権利または法律上保護される利益を侵害したものと認められる場合、上場株式を取得した者に対して、相当因果関係の認められる範囲で損害賠償責任を負います（民法709条）。

虚偽記載については、さらに、公認会計士、監査法人も、金商法上の損害賠償責任を負います（同法21条1項・22条1項）。また、有価証券届出書・目論見書については、元引受契約をした金融商品取引業者等も同法上の損害賠償責任を負います（同法21条1項）。

以下、主として、会社とその役員への請求を念頭に詳しく述べます。

2　金商法に基づく請求

⑴　金商法21条の2第1項・22条および21条1項に基づく請求

株主は、金商法21条の2第1項、22条および21条1項の規定に基づき、虚偽記載により生じた損害について、会社および役員に対して請求をすることができます。株主保護の観点からの不法行為の特則とされ、金商法では故意過失の立証責任の転換をしています。

⑵　金商法上の推定を用いた請求

(A)　法律上の推定（損害額）

不法行為に基づく損害賠償請求の場合には、損害が発生したことおよびその額につき、請求を行う側である原告側が立証する必要があります。他方、金商法では、公表日（虚偽記載等の事実の公表がされた日）前1年以内に株式を取得し、公表日時点で当該株式を保有していた株主につき、公表日前1カ月間の平均市場価額から公表日後1カ月間の平均市場価額を差し引いた金額を発生した損害と推定することとしています（金商法21条の2第3項・21条3

項)。この規定により、株主は、推定金額を限度として、損害の発生と損害額について立証することなく損害賠償請求をすることができます。もっとも、これを争う会社・役員側により、値下がり(の一部)が虚偽記載と相当因果関係がないとの立証がなされた場合には、当該相当因果関係のない値下がり分が損害から減額されることになります(同法21条の2条4項・5項・21条4項・5項)。

なお、金商法21条の2第3項で推定される損害は取得時差額に限らず、虚偽記載と相当因果関係のある損害をいい、会社役員らに対する強制捜査、上場廃止の可能性、マスメディア等による報道等に基づく値下がりについても同条2項に含まれ、4項および5項の控除対象とはならないとされています(最高裁平成24年3月13日判決・判タ1369号128頁〔ライブドア事件〕)。

(B) 故意・過失の立証責任の転換

金商法では、民法の一般原則とは異なり、会社および役員側が故意または過失がなかったことを証明することを要するとされています。第三者委員会により報告書や意見書等が出されても、個々の役員の認識や会社内部の様子は株主側に明らかでないことも多く、故意・過失の立証責任が転換されていることは、株主保護に資する規定といえます。

(3) 金商法上の推定金額以上の損害が発生した場合(損害論)

近年は、第三者委員会の設置発表以降、報告書発表までに時間がかかったり、虚偽記載に関する情報が小出しに提供されたりすることも多く、金商法上の推定規定を用いると低額しか保護されないことも多くあります。このように、金商法上の推定額以上の損害が発生している場合には、金商法21条の2第1項・21条1項または民法上の不法行為に基づく損害賠償請求(同法709条)をすることが考えられます。この損害については、次の三つの説のいずれかがとられることが通常です。①取得自体損害説は、原則として取得額と処分価額との差額を損害額ととらえる説です。虚偽記載がなければ株式を取得していなかったといえる場合に認められ、西武鉄道事件最高裁判決

（最高裁平成23年９月13日判決・判タ1361号103頁）においてはこの説がとられました。これまでの裁判例からは、一般的に、上場廃止に至ったなどの特殊な事情がある場合にのみ、認められるものといえるでしょう。②高値取得損害説（取得時差額説）は、適正な記載がなされていた場合の想定価額と取得価額との差額を損害額ととらえる説で、下級審で多くとられてきた考え方です（東京地裁平成20年６月13日判決・判タ1294号119頁〔ライブドア事件第一審判決〕）。③相当因果関係説は、虚偽記載等と相当因果関係のある損害すべてを含むとする説で、ライブドア事件最高裁判決（最高裁平成24年３月13日判決・判タ1369号128頁）がこれを採用しました。

3　民法に基づく請求

これまでみてきたとおり、金商法では株主側の主張・立証責任が緩和されており、金商法を利用することのメリットは非常に高いといえます。一方で、金商法に基づく請求は、会社および役員らに限られていることから、第三者委員会による報告書等で、従業員やその他の者が虚偽記載に関与したことが明らかになっている場合には、民法上の請求（民法709条・719条）を行うことも考えられます。

4　設問の場合

設問では、①５年前に保有していた株式、②第三者委員会の設置直前に買い増しした株式、③第三者委員会の設置直後に買い増しした株式の３種類があります。このうち、①については、公表日前１年以内に取得したものではないため、金商法上の推定規定を利用することはできず、同法21条の２第１項本文・22条１項および21条１項本文あるいは民法709条・719条で会社および役員らに対して損害賠償請求をしていくことになります。

②については、公表日前１年以内の取得であるため、金商法21条の２第３項および21条３項により推定規定を使うこともできます。また、推定額が実

損よりも著しく低いなどの事情があれば、同法21条の２第１項本文に基づき会社に対し、同法22条１項および21条１項本文に基づき役員らに対し、また、場合によっては民法709条および719条に基づき虚偽記載を行った従業員等の関与者に対する請求を行ってもよいでしょう。ただし、③の取得分については、第三者委員会の設置発表の内容にもよりますが、金商法21条の２第１項ただし書の類推適用等によって、請求が認められない可能性が高いといえます。

第４章
金融商品取引業者の規制

Q17　金融商品取引業の登録が必要となる行為

金融商品に関する取引について事業者が登録義務を負うのはどのような場合ですか。また、事業者が登録しているかどうかは、どのように確認できますか。

▶▶▶Point

①　金融商品取引業に該当する行為を業として行うためには、金融庁等の登録を受ける必要があります。

②　第一種金融商品取引業、第二種金融商品取引業、投資助言・代理業、投資運用業に該当する行為を行う場合は、それぞれの登録が必要です。

③　きちんと登録を受けた事業者かどうかは、金融庁のウェブサイトで確認できます。

1　登録制度

金商法は、一定の行為を業として行うことを「金融商品取引業」と定義し（同法2条8項）、対象とする有価証券の種類や行為の内容によって、第一種金融商品取引業、第二種金融商品取引業、投資助言・代理業、投資運用業の四つの類型を定め（同法28条1項～4項）、いずれも原則として内閣総理大臣（具体的には金融庁や財務局）の登録を受けた者でなければ行ってはならないと定めています（同法29条）（業規制の概要についてはQ18参照）。

上記のとおり、「業として」行うものが規制の対象となりますが、「営業として」ではありませんので、営利性がなくても規制の対象となり得ます。「業として」とは、対公衆性のある行為で、反復継続して行われるものと解されており、これは、現に対公衆性のある行為が反復継続して行われている場合だけでなく、対公衆性のある行為が反復継続して行われることが想定されている場合も含まれます。

なお、金融庁等の登録を受けている事業者かどうかは、金融庁のウェブサイトで確認することができます。

2　第一種金融商品取引業

第一種金融商品取引業は、最も厳しい規制が課される類型であり、いわゆる証券会社が行っている業務がこの類型にあたります。該当する行為は、金商法28条1項で定められおり、たとえば、次のようなものがあります。

① 株式・公社債・投資信託など（おおむね金商法2条1項に定める流通性の高い有価証券）の売買、市場デリバティブ取引、外国市場デリバティブ取引、および、これらの取引の媒介・取次ぎ・代理

② 店頭デリバティブ取引、およびその媒介・取次ぎ・代理

③ 商品関連市場デリバティブ取引の媒介・取次ぎ・代理

④ 株式・公社債・投資信託などの売出し、特定投資家向け売付け勧誘

⑤ 株式・公社債・投資信託などの募集の取扱い、売出しの取扱い、私募の取扱い、特定投資家向け売付け勧誘等の取扱い

有価証券の「募集」「私募」とは、新たに発行される有価証券の取得の申込みの勧誘（取得勧誘）をいい、これに対して「売出し」とは、すでに発行された有価証券の売付けの申込みまたは買付けの申込みの勧誘のうち一定の要件に該当するものをいいます。

また、「募集」と「私募」の区別については、多数の者に対して取得勧誘を行う場合を「募集」といいます。これに対して、一定の要件を満たすプロ向け取得勧誘や少人数向け取得勧誘を行う場合は「私募」といい（金商法2条3項)、「募集」に比べて規制が緩和されています。

株式や公社債については、その有価証券の発行者が、新たに当該有価証券を発行する際に自ら取得勧誘を行う行為（自己募集・自己私募）は、資金調達の便宜上、業規制の対象となっていません。他方で、他人が発行者のため

に有価証券の募集等を代わりに行う行為は、募集・私募の「取扱い」といい、これを行うには金融商品取引業の登録を受ける必要があります（⑤）。

第一種金融商品取引業者の登録を受けるには、株式会社であることが必要であり、最低資本金額（5000万円）、自己資本規制比率 120％などの要件があります。なお、PTS 業務を行う場合は認可が必要であるうえ（同法30条）、最低資本金は3億円に加重されています。元引受けの主幹事は30億円、幹事は10億円に加重されています。

なお、2014年改正（2015年5月施行）により、第一種少額電子募集取扱業務が創設されました。投資型クラウドファンディング促進のため、発行総額1億円未満、一人当たり50万円以下の株式等を電子募集する事業者の参入ハードルを一般の第一種金融商品取引業より下げたものです（兼業規制なし、最低資本金1000万円）。

3 第二種金融商品取引業

第二種金融商品取引業に該当する行為は、金商法28条2項で定められており、たとえば、集団投資スキーム持分等の売買、自己募集・自己私募および募集の取扱い・私募の取扱いなどがあります。

いわゆるファンド（出資者から資金を募り、その資金を充てて事業を行い、当該事業から収益が生じた場合にはそこから出資者配当を行うもの）は、集団投資スキーム（金商法2条2項5号。Q35参照）に該当するため、その持分の取得勧誘を行う行為は第二種金融商品取引業に該当します。

株式や公社債とは異なり、ファンドを組成した者が自ら取得勧誘を行う場合（自己募集・自己私募）であっても、登録が必要となります。

登録するのは個人でも可能です。法人の場合は最低資本金額1000万円（顧客から資金を預かる場合は5000万円）、個人の場合は営業保証金1000万円を必要とします。なお、2014年改正（2015年5月施行）により、第二種少額電子募集取扱業務が創設されました。投資型クラウドファンディング促進のため、発行総額１億円未満、一人あたり50万円以下のファンド持分を電子募集する事業者の参入ハードルを一般の第二種金融商品取引業よりも下げたものです（兼業規制なし、最低資本金500万円以上）。

4　投資助言・代理業

投資助言・代理業に該当する行為は、金商法28条３項で定められており、投資助言業務、投資顧問契約・投資一任契約の締結の代理・媒介があります。

投資助言業務とは、「有価証券の価値等」または「金融商品の価値等の分析に基づく投資判断」に関して、口頭、文書その他の方法により助言を行うことを約し、相手方がそれに対し報酬を支払うことを約する契約（投資顧問契約）を締結し、当該契約に基づいて助言を行うことをいいます。無報酬の助言は規制されていません。また、新聞、雑誌、書籍その他不特定多数の者に販売することを目的として発行されるもので、不特定多数の者により随時に購入可能なものに助言を掲載することは、規制の対象外となっています（金商法２条８項11号）。

たとえば、特定の有料会員向けの配信サービスなどで、株式の個別銘柄について将来の値上がり益の予想を示して売りや買いを推奨する行為などが投資助言業務に該当すると考えられます。

このような投資顧問契約の締結を代理・媒介する行為のほか、５で述べる投資一任契約の締結を代理・媒介する行為も、投資助言・代理業として規制の対象となります（金商法２条８項13号）。

登録は個人でも可能です。法人・個人とも、営業保証金500万円が必要です。

5　投資運用業

投資運用業に該当する行為は、金商法28条４項で定められており、有価証券またはデリバティブ取引に対する投資として、投資信託や投資法人の資産の運用、投資一任契約に基づく資産の運用、投資型集団投資スキーム持分の運用などを行うものです。投資一任契約とは、金融商品の価値等の分析に基づく投資判断の全部または一部を一任されるとともに、当該投資判断に基づき投資者のために投資を行うのに必要な権限を委任されることを内容とする契約です。

運用事業者は、株式会社であることが必要であり、最低資本金額（5000万円）、純財産額（5000万円）などは第一種金融商品取引業と同程度のハードルですが、自己資本規制比率はありません。

Q18 金商法における業規制

金商法では、顧客保護のためにさまざまな業規制を整えていると聞きましたが、その概括的な内容を教えてください。

▶▶▶ Point

① 金商法の業規制には、参入規制（登録制度）、行為規制（勧誘規制等）、行政監督があります。

② 金融商品取引業を行うには、金融商品取引業者としての登録が必要です。

③ 勧誘規制にはさまざまなものがありますが、不招請勧誘等の禁止、適合性の原則、説明義務、不当勧誘の禁止などの規制が重要です。

④ 金融商品取引業者等が規制に反する違法な行為を行った場合、行政処分が行われます。

1 金融商品取引の規制法規

一般に、金融の取引は投資性のある取引（投資取引）とそれ以外の取引（預貯金、保険、共済の取引など）とに分かれるとされており、投資取引は金商法・金サ法やその他の投資関連法により規制されています。

金商法は投資取引のうちの有価証券とデリバティブ取引を規制の対象としています。外貨預金や仕組預金等の投資性の高い預貯金は銀行法等で、変額保険や変額年金保険等の投資性の高い保険・共済は保険業法等で、投資性の高い信託は信託業法で、それぞれ金商法の一部を準用するなどして規制されています。

2　金商法における業規制の概要

金融商品取引に関する業務について、顧客保護の観点から金商法はおおむね次のような規制を設けています。

(1)　登録制度

金商法の規制対象となる有価証券等を反復継続して取り扱う所定の行為は金融商品取引業に該当し（同法2条8項）、これを行うには内閣総理大臣の登録を受ける必要があります（同法29条）。金融商品取引業には、第一種金融商品取引業、第二種金融商品取引業、投資助言・代理業、投資運用業の4種類があります（Q17参照）。

金商法に定められた拒否事由に該当する、金融商品取引業を営むことが相応しくない事業者は、登録を認められません。無登録で金融商品取引業を行った場合には、刑罰の対象となります（同法197条の2第10号の4）。

(3)　行為規制

金商法は金融商品取引業者等に対しさまざまな行為規制を設けており、販売・勧誘に関するものとしては、広告規制、取引態様明示義務、契約締結前の情報提供義務・説明義務〔2025年5月28日までに施行〕、契約締結時の情報提供義務〔2025年5月28日までに施行〕、書面による解除、虚偽説明の禁止、断定的判断の提供等の禁止、不招請勧誘の禁止、勧誘受諾意思不確認勧誘の禁止、再勧誘の禁止、損失補塡の禁止、適合性の原則、最良執行方針に基づく注文執行義務などがあります（同法36条～40条の7）。

この中で重要なものについて若干補足すると、次のとおりです。

(A)　勧誘禁止

政令で指定する取引については、勧誘の要請をしていない顧客に対し訪問または電話により取引を勧誘する行為（不招請勧誘）が禁止されています。また、一定の取引について、勧誘に先立ち顧客に対し勧誘を受ける意思の有無を確認せず勧誘する行為（勧誘受諾意思不確認勧誘）や勧誘を受けた顧客が契約を締結しない旨の意思等を表示した後に勧誘を継続する行為（再勧誘）が禁止されています（金商法38条4号～6号）。

投資商品取引をする意思がなく勧誘を要請してもいない顧客に対し取引を勧誘し、あるいは勧誘や契約を断ったにもかかわらず執拗に勧誘を行って契約を締結させるというトラブルが少なからず発生しており、そのような勧誘や契約締結が禁止されているものです。

(B)　適合性の原則

「顧客の知識、経験、財産の状況及び金融商品取引契約を締結する目的に照らして不適当と認められる勧誘」をすることが禁止されています（金商法40条）。これを適合性の原則といい、投資において非常に重要な原則です。

顧客の知識、経験、財産の状況あるいは投資の目的はさまざまであり、金融商品取引業者等は、そうした顧客の属性等に適合した取引は何かを慎重に検討し、そうした取引を勧誘する必要があります。こうした顧客の属性や投資目的・意向にそぐわないようなリスクの高い商品や内容が複雑で理解困難な商品を勧めたり、あるいは過大な額・量の取引を勧誘したりした場合、金融商品取引業者等の勧誘は適合性の原則に違反し、違法と判断されます。

(C)　情報提供義務・説明義務

金融商品取引業者等は顧客に対し、一定の場合を除き、契約の概要、手数料、報酬、費用その他顧客が支払う対価の種類ごとの金額もしくはその上限または計算方法等、元本欠損のおそれがあるときはその旨などの事項を契約締結前に情報提供し、契約を締結するときにも同様の情報提供をすることが義務づけられています（金商法37条の3・37条の4〔2025年5月28日までに施行〕）。また、このような情報提供に関し、当該情報について顧客の知識、経験、財産の状況および金融商品取引契約を締結する目的に照らして当該顧客に理解されるために必要な方法および程度による説明をすることが義務づけられます（実質的説明義務。同法37条の3〔2025年5月28日までに施行〕・金サ法4条）。2023年改正法では、書面だけでなく電子的方法による情報提供も認められ、また、実質的説明義務は法律上の規定となります。

投資商品の取引の仕組み、費用やリスクなどを十分に理解しなければ、顧客は取引を開始すべきか否かを正しく判断することができませんし、取引開始後にはリスクを的確に把握して損失を回避することができません。顧客が的確に投資判断を行うための前提として、金融商品取引業者等による取引商品の仕組みや費用、リスクに関する説明は非常に重要です。またその説明は顧客の属性に応じた十分なものでなければなりません。

(D) 不当勧誘の禁止

顧客に対し虚偽事実を告げ、あるいは不確実な事項について断定的な判断を提供し、または確実であると誤解させるおそれのあることを告げて金融商品取引契約の締結の勧誘をすることなどが禁止されています（金商法38条1号・2号・8号、金商業等府令117条1項2号～50号）。

投資商品取引の勧誘に際し、「絶対に儲かります」「確実に利益が出せます」「われわれが有利な情報を提供しますから損することは考えられません」などといった文句が用いられたとしても、確実に利益を出せる投資商品はありません。したがって、上記のような勧誘は顧客の投資判断を誤らせる極めて不適切なものですから、当然に禁止されています。なお、一定の場合には消契法により契約の取消しが認められます（同法4条）。

4 行政監督

金商法において登録等をした金融商品取引業者等を監督する権限は内閣総理大臣に与えられていますが（同法50条～57条等）、その権限は金融庁長官に委任されており（同法194条の7第1項）、さらにその権限の一部が金融庁内部の委員会組織である証券取引等監視委員会や財務局に委任されています（同法194条の7第2項）。

金融庁は、監督指針を定め、それに沿って、必要に応じ金融商品取引業者等に対し業務改善命令、業務停止あるいは登録取消し等（金商法51条～52条等）の行政上の措置を発動します。

コラム⑤　金融商品取引とアプリ

(1)　金融商品取引に関するアプリ

総務省の電気通信白書（令和４年版）18頁以下によれば、iPhone の販売開始により、スマートフォンが世界的に普及し、スマートフォン向け OS（Operating System）を提供する Apple や Google がグローバル・プラットフォーマーとしての地位を確立しました。

わが国でも、2008年に iPhone が発売され、スマートフォンへの移行が顕著となり、さまざまなサービスが、スマートフォン等のモバイル端末上で動作するアプリケーション（通称「アプリ」。アプリとは、ある特定の機能や目的のために開発・使用されるソフトウェアで、コンピュータの操作自体のためのものではないものをいいます）として開発・提供されました。さまざまな会社から、エンドユーザー向けに、ゲーム、動画・音楽配信、地図、SNS、検索など、多数のコンテンツ・アプリが提供されるようになりました。

金融商品取引分野では、インターネットが一般家庭に普及する前は、金融商品取引をしたい場合には、証券会社の窓口に行ったり、担当者が自宅を訪問したり、担当者から電話で勧誘を受けたりして、取引をすることが一般的でした。インターネットが一般家庭に普及した後は、パソコンを用いて、顧客がインターネットで注文をすることも一般的になってきました。

さらに、スマートフォンやタブレット等のモバイル端末の普及に伴い、証券会社は、顧客向けに、自社が取り扱っているさまざまな金融商品の注文や、チャートの分析、さまざまな情報提供を可能とするアプリを開発・展開するようになりました。これにより、パソコンを持っていない顧客も、気軽にインターネットで注文や分析、情報収集ができるようになってきています。

証券会社にもよりますが、アプリで取引できる取扱商品は、国内株に限らず、外国株や、投資信託、先物、FX 等幅広くなってきており、アプリでできる取引方法も、現物取引だけでなく、信用取引等も可能となっています。また、アプリで、取引に関連するニュースや企業業績、アナリスト予想、四季報、株主優待、株価等に影響を与えるさまざまな指標等の情報収集ができたり、約定通知等のアラート機能を備えているものもあります。

中には、投資先の銘柄を自分で選ぶだけでなく、AI・ロボアドバイザーのサポートが受けられるアプリも登場してきています。

(2) 金融商品取引関連のアプリと金融商品取引業者としての登録義務

金融商品取引関連のアプリが、金融商品取引業に該当する機能をもつ場合には、金融商品取引業者としての登録が必要です。

アプリ提供業者が、特定の証券会社やFX業者と媒介契約を締結するなどして、アプリにおいて利用者に対し証券会社やFX業者との取引のインターフェースを提供している場合は、アプリ業者は媒介業務を行っていることになり、第一種金融商品取引業者としての登録が必要です（媒介業務についてはQ20参照）。アフィリエイトでも媒介業務にあたる場合があるほか、媒介業務としての機能までは提供していない場合も証券業協会の自主規制等の適用が問題となり得ます（証券業協会の自主規制についてはQ21参照）。

また、アプリが、投資分析ツールを提供している場合において、かかるツールを通じたサービス提供が、有価証券の価値等（金商法2条8項11号イ）または金融商品の価値等の分析に基づく投資判断（同法2条8項11号ロ）に関する助言に該当し、対価を得ている場合には、投資助言・代理業に該当しますので、投資助言・代理業としての登録が必要です（投資助言・代理業についてはQ30参照）。

投資分析ツール等のコンピュータソフトウェアの販売は、不特定多数の者への販売は投資助言業の登録は不要とされていますが、不特定多数の者を対象にする場合でも、インターネット等の情報通信技術を利用することにより個別・相対性の高い投資情報等を提供する場合、会員登録等を行わないと投資情報等を購入・利用できない（単発での購入・利用を受け付けない）ような場合や販売業者等から継続的に投資情報等に係るデータ・その他サポート等の提供を受ける必要がある場合には、投資助言業にあたります（監督指針Ⅶ-3-1(2)②イb)。

さらに、アプリによりインターフェースを提供しつつ、アプリ業者において当該事業者の管理する自動売買システムにより顧客口座のある証券業者に発注し、顧客の金銭の運用を行うなどの場合は、投資運用業に該当し、投資運用業者としての登録が必要です（投資運用業についてはQ31参照）。

アプリ業者が必要な登録を得ずに、金融商品取引業に該当するサービスを提供するときには、無登録により金融商品取引業を行ったことになり、罰則の対象にもなります。

(3)　悪質事業者による金融関連のアプリによる被害

近時、スマートフォン等の普及に伴い、アプリが、詐欺等のツールとして用いられるケースが増えてきています。

昨今流行しているロマンス詐欺や、FXや暗号資産（仮想通貨）を対象とする投資被害・情報商材被害では、AppleやGoogleといったプラットフォーマーから無料ダウンロードできる投資分析ツール（MT4、MT5）が用いられるケースが多くありますが、プラットフォーマーでダウンロードできるアプリを使った投資話だから、詐欺被害にはあたらない、ということはありませんので、注意が必要です。

Q19　海外所在業者・無登録業者

投資を勧誘する海外所在業者のウェブサイトを見ていると儲かりそうなことが書いてあり投資に興味が湧きました。

①　海外所在業者は日本で金融商品取引業者としての登録をしなくても、日本の居住者に対しウェブサイト等を使った金融商品の販売勧誘をすることができますか。

②　海外所在業者が登録されているかは、どうやって確認できますか。

③　無登録業者により株式等の売買をしてしまった場合には、売買契約は有効に成立しますか。ファンドやFX取引の場合はどうでしょうか。

▶▶▶ Point

①　海外所在業者であっても日本において無登録で金融商品取引業を行うことは禁止されています。

②　金融庁のウェブサイト等で登録業者かどうかを確認できます。

③　無登録業者による株式や社債の売買契約は、原則として無効とされます。

1　海外所在業者の日本における営業活動の禁止

海外所在業者であったとしても、日本の居住者のためにまたは日本の居住者を相手方として金融商品取引を業として行う場合には、金融商品取引業の登録が必要とされています（金商法29条）。日本で登録を受けずに金融商品取引業を行うことは、禁止されていますので、海外所在業者であったとしても、金融商品取引業の登録がないまま、日本国内向けにウェブサイト等を使って営業活動をすることは、無登録業者として扱われ、刑事罰（５年以下の懲役〔2025年６月１日から拘禁刑〕もしくは500万円以下の罰金）が科せられます（金商法197条の２第10号の４・207条）。

もっとも、海外所在業者は、通常の日本国内の無登録業者とは異なり、法人格の有無を簡単に確認できない、連絡方法がない、言語の壁などの問題があり、その実態把握が極めて困難です。そのため、トラブルが生じた場合には、警察による摘発も含めた海外所在業者への責任追及には大きな困難が伴います。

さらに、民事的な損害賠償請求については、海外所在業者であるために、相手方の特定が容易でなく、訴訟提起、強制執行等の手続上も、相手方が国内所在業者の場合と比べて極めて大きな困難があるといえます。

2　事業者が登録されているかの確認方法

まず、金融商品取引業者として登録されているかどうかは、金融庁ウェブサイトの「免許・許可・登録等を受けている業者一覧」で確認することができます。

また、金融商品取引業の登録を受けた事業者で、為替相場を対象とする店頭FX取引、取引所FX取引およびバイナリーオプションを取り扱っている事業者についても、一般社団法人金融先物取引業協会ウェブサイトで情報を得ることができます。

さらに、金融庁ウェブサイトでは、無登録で金融商品取引業を行った者のうち警告書を発出した事業者の氏名等が公表されています。

インターネットを利用してこれらの情報を確認し、登録されていることが確認できなければ、無登録業者であることがわかりますし、警告書の発出の有無等も確認することができます。

3　無登録業者を通じた株式等の売買契約は無効

上場株式の取引の媒介等については、無登録業者は、そもそも金融商品取引所（東京証券取引所等）に参加する資格がなく、投資家からの注文を取り次ぐことができないので、無登録で上場株式の媒介を行おうとすることは、投資家を欺くものです。

金融商品取引所での取引がされない取引、たとえば、未公開株などの非上場株式については、事実上、無登録業者であっても媒介等をすることが不可能ではありません。かねてから、無登録業者が電話等により、未公開株等を「上場間近で必ず儲かる」などという虚偽の勧誘を用いて不当に高額な価格で株式を販売するという被害が続発していました。未公開株は、上場株式とは異なり、不特定多数の投資家が自由に売買できる場がないため売却が困難ですし、市場価格がなく、価値の把握も困難であり、一般の投資には適しません。それにもかかわらず、無価値のものをあたかも価値のあるものとして売り付けるという悪質な取引勧誘がなされていました。

そこで、2011年の金商法改正により、①無登録業者による未公開の有価証券（社債券、株券、新株予約証券）の売付けを原則として無効とする規制が導入されました（同法171条の2）。これにより、投資者は、無登録業者の勧誘によって未公開株等を取得したことを主張・立証するだけで、取引に関する契約の無効と代金等の返還請求をすることができるようになりました。無登録業者等が、当該売付け等が当該顧客の知識、経験、財産の状況および当該投資契約を締結する目的に照らして保護に欠けるものではないこと、または、当該売付け等が不当な利得行為に該当しないことを証明した場合には無効とはなりませんが、その例外規定が適用される要件の立証責任を事業者側に負わせています。これにより、投資者の被害救済が、それまでの錯誤、詐欺、不実告知等を理由とした取消し等の法的主張を用いる場合よりも、主張・立証が容易になりました。

ただし、実際の被害救済では、無登録業者等に資力が乏しく回収見込みが低いため、国内の事業者であっても、回収は容易ではありません。そこで、事業者だけでなく、その役員や、勧誘行為をした個人も被告に加えて訴訟提起する等が取り組まれますが、十分な被害救済は困難といわざるを得ません。また、2011年の金商法改正の際に、②無登録業者による広告・勧誘行為が禁止され（同法31条の3の2）、③無登録営業の罰則の強化も定められました（金商法200条12号の3・207条。）。悪質な無登録業者に対しては、適切に刑事責任を課すことが必要です。

4　無登録業者に対する緊急差止命令

緊急の必要があり、かつ、公益および投資家保護のため必要かつ相当と認められる場合に、裁判所が、行政当局の申立てに基づいて、金商法やその関連法令に違反する行為を禁止・停止する命令を出すという緊急差止命令制度が設けられています（金商法192条）。2018年の金商法改正で、申立権者に証券取引等監視委員会が加えられ、この制度の活用例が増えています。この申立てがされた事例は、無登録業者が未公開株等を販売する詐欺的商法の事例が多く、いわゆる未公開株商法による被害拡大を防止するための手段として活用されていることがうかがわれます。

この申立て状況については、証券取引等監視委員会ウェブサイトに掲載されており、申立ての有無等を確認することができます。

また、緊急差止命令が発令されたという事実自体が、当該事業者の勧誘の違法性を示す重要な証拠となり、損害賠償請求事件における主張・立証に資するといえます。

それに加えて、緊急差止命令の裁判手続記録を入手できれば、損害賠償請求事件の主張・立証に大いに資することになります。この点につき、緊急差止命令の申立事件は非訟事件とされており、非訟法では、第三者であっても利害関係を疎明した者は、裁判所の許可を得て、非訟事件記録の閲覧、謄写等ができるとされているため（非訟法32条１項）、同手続を利用して記録を入手することが考えられます。また、すでに損害賠償請求事件が提起されている等の場合には、文書送付嘱託等の手続を利用して記録を入手する方法も考えられます。

コラム⑥　相手方の捕捉など

金融商品取引被害の救済手続を実効性あるものとして進めるためには、往々にして、名刺に記載されている情報しかない状況の下で、関与者（主に相手方関係者）を探知し、特定することが必要となります。そもそも相手方が「誰」なのかを訴訟手続が行いうる程度に特定しなければなりませんし、債務名義が実効あるものとするためには住所その他の事項を特定することも必要です。

まず、訴訟が有効に係属するためには、当事者が「特定」されていることが必要です。

通常、訴状には当事者の氏名および現住所を当事者欄に記載し、これを以て当事者の特定材料としています。しかし、「当事者が特定されている」というためには、必ずしも現住所が判明していることを要しません。居所や最後の住所、就業場所などが判明していることも要しません。訴状に送達に必要な事項の記載が具備されていることは訴訟における当事者の特定とは別の次元の事柄であることは正しく理解されるべきです。

ここでいう「特定」とは、あくまで、ほかの誰かと区別される存在として「特定」されているかどうかという観点からのみ判断されるべきものです。つまり、訴状の当事者記載欄と、請求原因記載欄を全体としてみたときに、ほかの者と区別されうる程度に「特定」されていれば足りることになります（実質的表示説。東京高裁平成21年12月25日判決・判タ1329号263頁、東京高裁平成22年８月10日判決・セレクト38巻248頁）。

しかし、訴え提起の段階でなしうる調査をしておくべきことは当然ですし、上記の意味で「特定」されたとしても、「特定」された当事者について強制執行をスムーズに行いうる債務名義を得るためには、「特定」に加えて住所その他を探知することが必要です。

相手方となる事業者は当然従業員らの住所を管理していますから、事業者に対して訴え提起予告通知をしたうえで、訴え提起前における照会をすることができます（民訴法132条の2第1項）。もっとも、誠実な対応が期待できない場合も多くあり、そうした場合には、相手方事業者以外の者から情報を入手する方法を模索するほかありません。

相手方が会社の取締役であれば、法務局で法人登記申請書類を閲覧すれば、就任承諾書や辞任届に印鑑登録証明書が添付されていることがあり、住所を探知することができる場合があります。

また、相手方が所属していた組織が破産手続にかかっている場合には、破産記録を閲覧することによって従業員らの住所等の情報を探知することができることがあります。

被害にあった事案が刑事事件として立件されている場合には、公訴事実の被害者である場合と「同種余罪の被害者等」である場合とで要件および手続が異なりますが、刑事記録から相手方を探知・特定することができることがあります。

銀行口座や携帯電話番号がわかっている場合には、弁護士法23条の2に基づく弁護士会照会や民訴法151条1項6号に基づく調査嘱託によって探知することも可能です。金融機関や携帯電話会社によっては回答をしようとしない場合もありますが、回答拒否には正当な理由がない場合が多く、粘り強く回答を求めていくことが必要です（東京高裁平成24年10月24日判決・金商1404号27頁）。

ほかにも、電話レンタル提供会社、レンタル・バーチャルオフィス提供会社、施設私書箱サービス提供会社、電話転送サービス運営会社、電話秘書代行サービス提供会社なども情報を有する者として照会等の名宛人とすることが考えられます。

勤務していた会社を所管する年金事務所も従業員の住所情報を管理しており、照会ないし嘱託の対象となり得ますが、一時期以降回答を一律に拒否する傾向が強くなっています。法治国家において裁判を適切に遂行できる利益は非常に大切なものですから、公の機関や大企業がこれに反する態度をとっていることは強く非難されるべきことですし、折に触れてその是正を求めていかなければなりません。

第5章
勧誘規制

Q20　勧誘・媒介の概念

金商法において、「勧誘」や「媒介」は具体的にどのような行為でしょうか。金商法の規制の趣旨によって、「勧誘」や「媒介」に違いが生じるのでしょうか。

また、インターネットを利用した広告は「勧誘」にあたりますか。

▶▶▶ Point

① 「勧誘」や「媒介」は、金商法の、開示規制・参入規制・行為規制の対象となるか否かを判断する際に、問題となります。

② 各規制の趣旨から、「勧誘」や「媒介」の概念を検討する必要があります。

③ インターネット広告が「勧誘」にあたるかどうかは、情報提供のあり方の実質から検討する必要があります。

1　金商法の規制の趣旨と「勧誘」「媒介」

金商法は、投資家の合理的な投資判断を確保するため、有価証券を発行する発行者に対し、発行される有価証券に関する情報および企業内容に関する情報を開示させることなどを規定しています（金商法第2章。これを「開示規制」といいます（Q15・Q16参照））。

また、業規制は、金融商品取引業を行う者に適用される規制であるところ、金融商品取引業を行うには内閣総理大臣の登録を受けなければならず（金商法第3章第1節第1款・第2款。業規制のうちの参入規制（Q17参照））、登録を受けた金融商品取引業者が、金融商品取引業を行う際には、適合性の原則や説明義務等、所定の行為規制が課されます（同法第3章第2節。業規制のうちの行為規制（適合性の原則についてQ23参照））。

一般的に、「勧誘」とは、他人に対し、ある行為をするように勧め誘うことと解されます。また、「媒介」とは、いわゆる斡旋のことで、他人の間に立って、他人を当事者とする法律行為の成立に尽力する事実行為と解されます（商法543条）（神田秀樹ほか編著『金融商品取引法コンメンタール１――定義・開示制度〔第２版〕』（2016年）143頁・170頁）。

金商法において、「勧誘」「媒介」は定義されていませんが、これらは、開示規制、業規制のうちの参入規制と行為規制において、規制対象行為を画する概念です。次において具体的に検討します。

2　開示規制における「勧誘」

開示規制では、有価証券の募集または売り出しの前に、発行者が有価証券届出書を提出することを求めています（金商法４条）。この有価証券の募集・売出は、株式や社債など流動性の高い１項有価証券については、多数の者（50名以上）を相手方として行う取得勧誘などとされています。したがって、50名以上に対しての行為が取得勧誘に該当する場合は、開示規制の対象となります。

開示規制は、多数の投資者が、不確実・不十分な情報に基づいて投資判断を行う事態を防止することを旨として、発行者に開示を義務づけていることから、ここでの「勧誘」は広範なものとされており、一般に、「特定の有価証券についての投資者の関心を高め、その取得・買付けを促進することとなる行為」と解されています（第７回金融審議会「新規・成長企業へのリスクマネーの供給の在り方等に関するワーキング・グループ」（2013年10月25日開催）資料３）。具体的には、募集または売出しに係る広告をすることも、取得勧誘行為として、「有価証券の募集または売出し」行為に該当します（企業内容等開示ガイドライン４－１）。

3 業規制のうち参入規制における「勧誘」「媒介」

業規制のうち参入規制における「勧誘」が問題になる場面には、①「勧誘」行為そのものが「金融商品取引業」に該当する場合と、②当該行為が「媒介」（「金融商品取引業」に含まれる行為）に該当するかどうかの判断にあたって勧誘行為の有無が重要な要素となっている場合とがあります（大越有人＝岩井宏樹「業規制における勧誘(上)」金法2168号（2021年）42頁）。

参入規制は、金融商品取引業者等の業務が適正に行われることによる投資者の保護を目的とするため、「勧誘」に関しては、個別の顧客に有価証券を購入するよう勧める行為、個別商品の内容の説明や、ウェブサイトにおける個別商品の記載、有価証券関連業に係る行為に関する広告の掲載も「勧誘」に該当しうるとされており、その範囲は開示規制における「勧誘」と同様に広範なものとなっています。

外国証券業者がウェブサイト等に有価証券関連業に係る行為に関する広告等を掲載する行為も、原則として「勧誘」行為に該当するとされており、「広告等の掲載」が「勧誘」に含まれうることが前提になっています（監督指針X-1-2）。

「媒介」に関しては、必ずしも勧誘行為を伴うものではありませんが、ある者に依頼されて取得の「勧誘」をし、それが契約につながるとすれば「媒介」に該当すると指摘されているところであり、「勧誘」の有無が「媒介」（「金融商品取引業」）の該当性の判断にあたって重要なメルクマールになると考えられています（高橋康文編『詳解証券取引法の証券仲介業者、主要株主制度等――平成15年における証券取引法等の改正』（2004年）103頁）。

4 業規制のうち行為規制における「勧誘」

行為規制のうち適合性の原則は、特定の顧客に対して、その顧客の属性に適合しない商品を勧誘してはならないという原則です。したがって、適合性の原則における「勧誘」とは、特定の顧客に対する個別の商品についての勧誘が前提となっており、不特定多数の人に向けた行為は勧誘に該当せず、事業者が顧客から依頼されて受動的に個別の金融商品の説明をすることも勧誘に含まれないと考えられます。ただし、顧客の依頼の範囲を超えて事業者が積極的に情報提供を行った場合には、適合性の原則における「勧誘」にあたります。

次に、行為規制のうち虚偽告知や断定的判断の提供などが禁止（金商法38条1号・2号等）される趣旨は、消費者保護の観点から金融商品取引の専門家である金融商品取引業者等の金融商品取引等に関する不適切な行為を厳しく禁止することです。したがって、ここでいう「勧誘」には不特定多数の投資家に向けて行われる情報提供（インターネット上の表示を含む）も含まれうるものと考えられます。

5　インターネットを利用した広告と「勧誘」

(1)　インターネット広告

勧誘と広告について、勧誘は個別の顧客を対象とするのに対して、広告は不特定多数の者を対象とする点で区別されることがあります。また、広告には、情報提供のみのものと金融商品取引に誘引するものがあります。

広告のうち、インターネット広告は、不特定多数の者が閲覧する場に、商品の情報が掲載され、それを閲覧した顧客が自ら判断して投資するため、「勧誘」でないと考えられてきました。しかし、「勧誘」とは、他人に対し、ある行為をするように勧め誘うことですから、インターネット広告において、金融商品取引を行うように勧め誘う行為があれば、「勧誘」に該当する可能性があります。特に、インターネット広告では、さまざまな技術が活用されるため、次に記載する広告については、開示規制・参入規制・行為規制の対象となるか否かにつき、特に慎重な検討が必要です。

(2) ターゲティング広告

ターゲティング広告とは、インターネットユーザーが閲覧するウェブサイトに、ユーザーの年齢・性別・住所・職業などの属性や、ウェブサイトの閲覧履歴などさまざまな条件から抽出された、当該ユーザーに適切と思われる広告を表示する広告のことです。

ウェブサイト上の表示・サービスは、不特定多数向けのものであり、検討の開始、商品の選定、情報の入手、購入の判断の過程において、営業員が行う勧誘とは同等・同質の行為ではないと考えられているため、行為規制における勧誘に該当しないという見解もあります（第39回日本証券業協会「投資勧誘のあり方に関するワーキング・グループ」（2018年12月7日開催）資料2－2）。

しかし、ターゲティング広告は、ユーザーの属性やウェブサイト閲覧履歴などさまざまな条件から抽出された広告を表示するため、ユーザーに対する誘引性が強く、近時の技術進化により、ターゲティング精度が相当程度あがって、個別の顧客への働きかけという性格がより強まっています。

したがって、ターゲティング広告については、勧誘に該当すると考えるべきです（日本弁護士連合会「金融審議会『決済法制及び金融サービス仲介法制に関するワーキング・グループ』報告の『第2章　金融サービス仲介法制』についての意見書」（2020年2月20日）6頁）。

(3) アフィリエイト広告

現在、アフィリエイト広告は、勧誘ないし媒介に該当しないと考えられ、日本証券業協会の自主規制（「広告等に関する指針」）により規律されています（Q21参照）。これは、アフィリエイターは他社が取り扱う商品を記載していることや、顧客が当該バナーをクリックして、当該金融商品取引業者のウェブサイトに移らなければ取引を行うことができないことが考慮されていると思われます。

しかし、ウェブサイトの記載内容がページ構成において、アフィリエイター自身が扱う商品やサービスであることを前提とするものとなっているような場合は、勧誘や媒介に該当するものと考えられます。

なお、アフィリエイト広告については、日本証券業協会の自主規制において、証券会社に対し、自社または自社の商品・サービスに関する不適正なアフィリエイト広告が掲載されないように、一定の措置を求めています（詳細は、Q21を参照）。

Q21 広告・広告類似行為

投資に関心があり、いろいろとインターネットで検索していたところ、いろいろなところからLINE等を通じて、投資に関するメッセージが入ってくるようになりました。最近は、YouTubeなどの動画でも投資を進めるものが多数あります。しかし、投資にはリスクもあると聞いています。こうした投資に関する情報には、法的な区別や規制はあるのでしょうか。

▶▶▶ Point

① **金商法上の広告規制の対象は、「広告等」と総称される広告と広告類似行為です。**

② **行為が「広告等」に該当するか、「勧誘」に該当するかによって規制内容が異なります。**

③ **広告等に表示しなければならない事項は、金融商品取引業者等の商号等、金融商品取引業者等である旨および登録番号、および政令事項です。テレビやラジオの広告の場合には、例外規定があります。**

④ **広告等は、金商法だけではなく、景表法の規制も受けます。**

⑤ **アフィリエイト広告も、広告としての規制は受けており、業界の自主規制も定められています。**

1 広告等の規制対象

広告は、広く顧客が金融商品の存在と内容を最初に知る契機となるもので、顧客の意思決定に大きな影響を与えるものです。

金融商品の全体像が過不足なく示され、利益の見込みやリスク、取引の仕組みについて不実表示や誤認を惹起する表示がないようにして、顧客を保護するとともに、市場の公正な価格形成機能を維持する目的で規制が定められています（金商法37条）。

規制の対象となるのは、「広告」（新聞、雑誌、テレビ、ラジオ、ウェブサイト、看板、立て看、屋外広告物等）と「広告類似行為」（郵便、ファクシミリ、電子メール、ビラ・パンフレット配布）（金商業等府令72条）です。

(1)　広告類似行為

広告類似行為とは、郵便、ファクシミリ、電子メール、ビラ・パンフレット配布、その他の方法により多数の者に対して同様の内容で行う情報の提供とする行為とされています（金商業等府命72条）。

広告類似行為という概念は、広告媒体が多様化していることや、インターネットの利用が広がってきたことに伴い、広告と勧誘とが境界領域で接近し、あるいは重なり合ってきたことを反映したものといえます。

(2)　勧誘と広告

広告と勧誘の境界は難しく、いずれかに該当する場合もあれば、勧誘に該当すると同時に広告にも該当する場合もあります。

基本的に、事業者と顧客（投資者）が一対一の関係に立つ場合は勧誘に該当する一方で、事業者と投資者が一対不特定多数の関係に立つ場合は広告であって、勧誘には該当しないという整理が行われてきました。

相手が特定されている情報提供であっても、同様の内容で多数の顧客になされるのであれば、広告規制の対象となりますが、他方で、不特定多数に対してなされる情報提供であっても、それが特定の発行者または特定の金融商品に言及するものであれば、広告と同時に勧誘にあたりうることになります。

近時、消契法12条1項および2項における勧誘についてではありますが、不特定多数の者に対する広告もその内容によっては、勧誘にあたりうることを判示した最高裁判決（最高裁平成29年1月24日判決・民集71巻1号1頁）が出されています。

2 広告等の表示事項

金融商品取引業者等は、広告等を行う際は、次のような事項を表示しなければなりません（金商法37条1項）。

① 金融商品取引業者等の商号、名称または氏名

② 金融商品取引業者等である旨および登録番号

③ 顧客の判断に影響を及ぼす重要事項（金商法施行令16条1項）

③の顧客の判断に影響を及ぼす重要事項として、たとえば、手数料等（金商法施行令16条1項1号）や、損失のおそれの理由（同項4号）があげられています。これらを表示する際の実務上の留意すべき点は、次のとおりです。

⑴ 手数料等

手数料等とは、手数料、報酬、費用その他いかなる名称によるかを問わず、金融商品取引契約に関して顧客が支払うべき対価（有価証券の価格または保証金等の額を除く）をいいます（金商業等府令74条1項）。スプレッド中、実質的に手数料に相当する部分については手数料として表示が必要になります。

⑵ 損失のおそれの理由

広告においては、単に損失のおそれがある旨のみ表示するのでは足りず、「その理由」を表示しなければなりません（金商法施行令16条1項4号）。

具体的には、少なくともどんな要素（指標）がどのように変動したときに損失が発生しうるか明確に表示し、かつ、その余の広告上の表示、とりわけ当該金融商品のメリット（リターン）の表示とのバランス上、顧客が損失の存在とその程度について明確に認識・理解できる内容の表示が求められています。

3 広告等の表示方法

広告において、リスク情報（金商法施行令16条1項4号・5号）の事項の表

示は、明瞭かつ正確でなければならず、当該広告におけるそれ以外の情報に関する表示「のうち最も大きなものと著しく異ならない大きさで表示」しなければなりません。広告の場合は、媒体の大きさが屋外広告からごく小さなものまで幅広いため、文字の大きさは、具体的な文字のポイント数ではなく、リスク情報以外の表示との相対的な大きさを規定しています。

インターネットのウェブサイトによる広告においては、リターン情報を掲載した画面と顧客からみて一体性が認められる範囲内にリスク情報もバランスよく掲載すべきです。一体性が損なわれない範囲は、原則として、同一表示画面と考えるべきでしょう。

4　テレビ・ラジオの広告の例外

テレビ・ラジオでのコマーシャル等の放送媒体による広告については、表示事項が軽減されています。「金利、通貨の価格、金融商品市場における市場その他の指標に係る変動を直接の原因として損失が生ずることとなるおそれがある場合にあっては、当該おそれがある旨（当該損失の額が保証金等の額を上回ることとなるおそれがある場合にあつては、当該おそれがある旨を含む）」（金商法施行令16条２項１号）および契約締結前提供情報を十分に確認すべきことが表示事項となります。

5　景表法による規制

景表法における「表示」とは、顧客を誘引するための手段として、事業者が自己の供給する商品または役務の内容または取引条件その他これらの取引に関する事項について、消費者に知らせる広告や表示全般（同法２条４項）であり、金融商品に関する「広告等」もこれに該当するため、広告主は、金商法上の規制のほかに景表法上の規制も受けます。

したがって、広告の内容によっては、優良誤認表示や有利誤認表示とみなされる可能性があります（景表法５条１号・２号）。

6　アフィリエイト広告と自主規制

インターネットの普及とともに近年急速に広がったアフィリエイト広告は、広告主たる金融商品取引業者等以外のブログその他のウェブサイトの運営者（アフィリエイター）が、当該サイトに金融商品取引業者等が供給する商品・サービスのバナー広告等を掲載し、当該サイトを閲覧した者がバナー広告等を通じて当該金融商品取引業者等のウェブサイトにアクセスして当該金融商品取引業者等の商品・サービスを購入したり、購入の申込みを行ったりした場合などに、あらかじめ定められた条件に従って、アフィリエイターに対して、当該金融商品取引業者等から成功報酬が支払われるものをいいます（日本証券業協会「広告等に関する指針」（2016年9月、2023年4月一部改正）、金融先物取引業協会「アフィリエイト広告利用に関するガイドライン」（2012年3月30日）等）。

日本証券業協会の「広告等に関する指針」では、こうしたアフィリエイターの行為に関し、証券会社が行うべき対応等について規律がなされています。すなわち、証券会社に対し、アフィリエイターと直接契約するときには広告掲載前に、間接的に契約する場合（アフィリエイトサービスプロバイダーが介在する場合）は広告掲載前または報酬支払時等に、コンテンツ内容のチェックを求め、不適切なコンテンツには修正・削除措置や契約解除等の措置をとることを求めています。これらは、アフィリエイト広告が、金商法上、広告に該当するものとして自主規制を行うものです（「勧誘」ないし「媒介」に該当しうる場合があることについてはQ20参照）。

7　ターゲティング広告

ターゲティング広告は広告規制を受けますが、同時に「勧誘」に該当する場合には、登録義務（金商法29条）等の規制を受けることになります（Q20参照）。

〔図表９〕 アフィリエイト広告の構成イメージ図

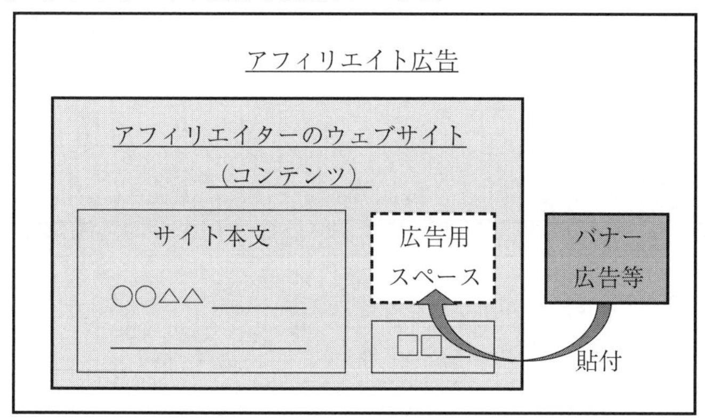

（日本証券業協会「広告等に関する指針（2016年９月版、2021年11月一部改正）75頁より引用）

8　違反した場合の行政処分や罰則

金商法上表示すべき事項につき表示しないか虚偽の表示をした場合、監督上の処分対象となるほか（同法51条～52条）、刑罰の対象にもなります（同法205条10号。６カ月以下の懲役〔2025年６月１日から拘禁刑〕等）。

広告等に、利益の見込み・府令事項（解除、損失負担・利益保証、損害賠償の予定、金融商品市場、事業者の資力・信用、事業者の実績、手数料の額・計算方法・支払方法・時期・支払先等）について、著しく事実に相違する表示、著しく誤認させる表示をした場合、監督上の処分対象となるほか（金商法51条～52条）、刑罰の対象となります（同法205条11号。６カ月以下の懲役〔2025年６月１日から拘禁刑〕等）。

また、景表法に違反する不当な表示の疑いがある場合には、消費者庁が、関連資料の収集、事業者への事情聴取などの調査を実施し、「措置命令」を行ったり、違反の事実が認められない場合であっても、違反のおそれのある行為がみられた場合は指導の措置をとります。

また、事業者が不当表示をする行為をした場合、消費者庁は、そのほかの要件を満たす限り、当該事業者に対し、課徴金の納付を命じます（課徴金納付命令）。

Q22 訪問・電話による勧誘

証券会社の従業員と名乗る人物から、突然自宅に電話がかかってきて「FX 取引や金の先物取引は簡単に儲かるからやってみないか」という勧誘を受けました。一度は断ったのですが、今度は自宅を何度も訪問してきて、しつこく勧誘を受けています。このような勧誘に問題はないのでしょうか。

▶▶▶ Point

① 個人向け店頭デリバティブ取引等については、訪問または電話による勧誘（不招請勧誘）が禁止されています。

② 商品関連市場デリバティブ取引については、政令によって実質的に不招請勧誘が禁止されています。

③ 不招請勧誘の禁止規制の対象外のデリバティブ取引についても、勧誘受諾意思確認義務や再勧誘禁止の規制が及びます。

1 不当な勧誘規制

顧客が望まない勧誘を受けたことによって、自分に合っていない契約を締結して、損害を被ることがあります。こういった被害を防止するため、政令指定商品について、契約の勧誘を要請していない顧客に対し、訪問または電話をかけて契約の締結を勧誘する行為（不招請勧誘）は禁止されています（金商法38条４号）。

不招請勧誘の禁止は、外国為替証拠金取引（いわゆるFX 取引）について、多額の手数料を顧客からだまし取る悪質事業者を規制するために、2005年施行の改正金先法で導入され、金商法に引き継がれたものです。

2　規制の対象となる取引

⑴　不招請勧誘の禁止

不招請勧誘が禁止される取引は、①店頭金融デリバティブ取引（法人向けを含む。金商法施行令16条の4第1項1号）、②個人向け店頭デリバティブ取引（同項2号）です。これらの取引は、事業者が自由に商品内容を設計でき、価格の透明性も低いため、顧客に被害が発生しやすいものです。

①には、暗号資産関連店頭デリバティブ取引が含まれます。

一方で、くりっく365等の市場デリバティブ取引については、商品の周知性があることや取引価格の透明性が高いことを理由に、金商法上の不招請勧誘の禁止の直接の対象とはされていません。

⑵　勧誘受諾意思確認義務

金商法は、市場デリバティブ取引について、勧誘に先立って、顧客に対して、その勧誘を受ける意思の有無を確認しないで勧誘する行為を禁止しています（金商法38条5号、金商法施行令16条の4第2項。この勧誘を受ける意思の有無を確認する事業者の義務を、「勧誘受諾意思確認義務」といいます)。くりっく365はこの規制対象になります。

⑶　商品関連市場デリバティブ取引における実質的な不招請勧誘禁止

商品関連市場デリバティブ取引については、勧誘受諾意思確認義務に関し、個人顧客に対して、商品関連市場デリバティブ取引の契約に先立ってその勧誘を受ける意思を確認する際に、訪問または電話をかけることを禁止しています（金商法38条9号、金商業等府令117条1項8号の2イ)。

この二つの規制により、顧客の勧誘を受ける意思の有無を確認する方法として、訪問または電話をかけることが禁止されることになりますので、商品関連市場デリバティブ取引についても実質的には不招請勧誘が禁止されているといえます。

3　適用除外

不招請勧誘の禁止の趣旨は1記載のとおりですが、この趣旨に該当しない顧客に対しては、上記の規制の適用除外とされています。

具体的には、継続的取引関係にある顧客に対する勧誘、外国貿易等を行う法人に対する勧誘、個人顧客を対象とする勧誘で、それぞれ一定の要件を満たした場合には適用除外とされています（金商法38条ただし書、金商業等府令116条）。

4　顧客からの勧誘の要請

不招請勧誘が禁止される取引も、顧客からの要請がある場合は訪問または電話による勧誘が認められますが、1の不招請勧誘の禁止の趣旨に照らし、顧客からの勧誘の要請は、訪問または電話による勧誘以前に行われている必要があります。

この趣旨を貫徹するためには、不招請勧誘禁止の対象外の金融取引を訪問や電話で勧誘をしていたときに、不招請勧誘禁止の対象の金融取引について勧誘を行う行為も、訪問や電話をかける前に顧客からの勧誘要請がないとして不招請勧誘禁止規制を及ぼすべきといえます。そのため、このような顧客からの勧誘の要請に応じて事業者が勧誘することも、不招請勧誘にあたり、禁止されます。

5　類似の勧誘規制

4の不招請勧誘の禁止の潜脱を防止するため、金融商品取引契約の締結を勧誘する目的があることを顧客にあらかじめ明示しないで顧客を集めて契約の締結を勧誘する行為も禁止されています（金商法38条4号、金商業等府令117条1項8号）。

市場デリバティブ取引については、勧誘受諾意思の確認を受けた顧客が、勧誘を引き続き受けることを希望しないことも含め、取引を行わない旨を表示した場合には、事業者は当該顧客に対して勧誘を行うこと（再勧誘）が禁止されます（金商法38条6号、金商法施行令16条の4第2項）。

また、再勧誘の禁止の潜脱防止のため、顧客があらかじめ契約をしない旨の意思を表示した場合も勧誘は禁止されます（金商業等府令117条1項9号）。

6 設問の場合

設問では、FX取引と金の先物取引のそれぞれについて、勧誘を受けています。

このうち、FX取引のうち、くりっく365以外のものについては、個人向けの店頭デリバティブ取引として電話による不招請勧誘が禁止されていますから、違法な勧誘といえます。

FX取引のうちのくりっく365や金の先物取引については、市場デリバティブ取引として、まず事業者には勧誘受諾意思確認義務がありますが、設問では確認を怠って、いきなり勧誘を行っていますので、この点に違法があるといえます。

また、商品関連市場デリバティブ取引については、そもそも電話による勧誘受諾意思確認が内閣府令で禁止されていますので、この点についても法令違反があるといえます。

さらに、勧誘を断った顧客に対して、自宅訪問をして勧誘を繰り返していますが、これは再勧誘にあたりますので、これも違法な勧誘といえます。

Q23 適合性の原則

「退職金を有利に運用しましょう」と証券会社に勧誘され、外国企業の発行する債券を買いましたが、元本の半額しか償還されませんでした。なぜこのようなことになったのかよくわかりません。証券会社は私のような素人にこのようなものを売ってよいのでしょうか。

▶▶▶ Point

① **適合性の原則は、金融商品の勧誘における最も基本的なルールであり、金商法40条１号に定められています。**

② **事業者は金融商品の内容を適切に把握したうえで、顧客の知識、経験、財産状態および取引目的などの顧客属性を的確に把握しなければなりません。そのうえで、商品内容や取引の頻度・金額が顧客属性に適合しているといえる合理的根拠がなければ取引を勧誘してはいけません。**

1 金融商品の勧誘における最も基本的なルール

金融商品には、単純な仕組みのものも複雑な仕組みのものもありますし、リスクの低いものも、リスクの高いものもあります。他方、顧客にも経験豊富で十分な資産を有する者だけでなく、投資経験がほとんどなく必ずしも十分な資産を有しない者もいます。リスクを抑えた取引をしたい顧客もいれば、高いリスクを覚悟のうえで高いリターンを狙いたい顧客もいます。このような中で、投資経験も十分な資産も有しない、リスクを抑えた取引を希望する顧客に、複雑かつリスクの高い取引を勧誘するときには、顧客が不測の損害を被り、また、適切な価格形成が確保されないおそれがあります。

そこで、金商法は、「顧客の知識、経験、財産の状況及び金融商品取引契約を締結する目的に照らして不適当と認められる勧誘」を禁止しています

(同法40条1号)。これは、ふさわしくない顧客にふさわしくない商品を勧誘してはならないというルールを定めたものです。

適合性の原則違反が私法上も違法となり不法行為となることを明示した判例（最高裁平成17年7月14日判決・判時1909号30頁）があります。すなわち、「証券会社の担当者が、顧客の意向と実情に反して、明らかに過大な危険を伴う取引を積極的に勧誘するなど、適合性の原則から著しく逸脱した証券取引の勧誘をしてこれを行わせたときは、当該行為は不法行為法上も違法となると解するのが相当である」としています。適合性の原則は金融商品の勧誘における最も基本的なルールとして世界的に共通しています。

なお、金商法40条1号の適合性の原則は、勧誘を要件としていますが、ターゲティング広告等により顧客に対し個別性の高い働きかけが行われた場合は「勧誘」に該当すると解すべきです（Q20参照)。

2　着眼点

金商法40条1号は1のとおり定めており、また、監督指針は、適合性の原則に関する着眼点として、次の内容を定めています（監督指針Ⅲ－2－3－1⑴①～③。なお、④～⑥も参照)。

①　金融商品の内容の適切な把握

②　顧客の属性等および取引実態の的確な把握並びに顧客情報の管理の徹底

③　投資勧誘に際しての合理的な理由についての検討・評価

②について、次で各要素の意味を具体的にみていきます。

⑴　知識、経験

たとえば、円預金の利息の動向に詳しいだけで外国通貨の相場のことを全く知らない人に外国通貨の取引を勧誘した場合、知識・経験のない人に勧誘したといわなければなりません。同じく、債券と株式、投資信託と債券、日本株式と外国株式、伝統的金融商品（株式、債券、投資信託）と非伝統的金融商品（店頭デリバティブ取引に類する商品など）はそれぞれ全く違います。知識・経験を有しない顧客に複雑な商品、リスクの高い商品を勧誘することには、かなり慎重であるべきです。

⑵　財産状況

老後の生活のための虎の子の資金を運用しようとする高齢者に、リスクの大きい金融商品を勧め、しかも顧客の全財産額の大半の資金を投じさせる取引を勧めるのは財産状況に照らして適合するとはいいがたいでしょう。高齢者の場合は一度損をすると労働で取り返すことができない場合が多いことを勘案する必要もあります。

⑶　取引目的

知識も経験も財産も十分にある顧客が、取引目的の点では安全志向という場合はよくあります。高齢者に多いと思われます。高齢者に対する勧誘については、日本証券業協会がガイドラインを設けており、投資意向の十分な確認を求めています（高齢の投資者の保護ルールについてはQ30を参照）。年齢以外の理由で安全志向の人もたくさんいるでしょう。そのような人にハイリスク商品は適合しません。

営業員の勧誘に応じたからというだけで顧客の取引目的がその商品に合致したとはいえません。勧誘に根負けしたり事業者を信頼したりして取引を応諾することが往々にしてあるからです。営業員はその顧客の取引目的を知る注意義務があるといえます。

⑷　小　括

以上のような個別具体的な事情のほか、事業者の内部で適合性の原則を守るためのルールが確立されているか、営業員はそれを遵守しているのかも重要な観点です。以上のような事情を総合的にみて、当該金融商品の内容や顧客のリスク許容度に照らして、事業者は顧客を熟知せず勧誘した、あるいはその金融商品がその顧客に適合しているかどうかに注意せず勧誘したといえれば違法な勧誘と判断されます。

なお、日本証券業協会の「協会員の投資勧誘、顧客管理等に関する規則」では、新たな有価証券等の販売を行うにあたっては、当該有価証券等の特性やリスクを十分に把握し、当該有価証券等に適合する顧客が想定できないものは、販売してはならないこととされています（同規則3条3項。合理的根拠適合性）。また、店頭デリバティブ取引に類する複雑な仕組債・投資信託、レバレッジ投資信託等については勧誘開始基準を（同規則5条の2）、信用取引やデリバティブ取引等については取引開始基準を、それぞれ各証券会社において定めるべきとされています（同規則6条）。

3 取引手法についても適用されるルール

短期売買を頻繁かつ大量にさせられて損失を被るという被害が絶えません。営業員が営業成績をあげるためにこのような強引な取引手法を主導するような事例です。短期売買の繰り返しは利幅が小さく、一度の相場急落でそれまでの利益が吹き飛びます。しかも大きな含み損を抱えてしまうと対処の仕方がわからなくなり、立ち往生します。大半の個人投資家には不向きな取引手法です。

このような手法がとられたときも適合性の原則の観点で考察します。つまり、いくら同意していたとはいえ、連日にわたって多業種・多銘柄の金融商品の取引を営業員が主導して次々と取引させるのはその顧客の知識、経験、財産の状況、取引目的に照らし不適合であると判断することができます。このような取引は過当取引（Q28参照）と呼ばれ、違法であることが判例法理として確立していますし、監督指針でも「不適当又は不誠実な投資勧誘行為」とされています。

すなわち、監督指針は、不適当または不誠実な投資勧誘行為として、「金融商品取引業者の利益を追求する結果として、顧客との一連の取引の経過をみたときに、顧客属性や投資目的に適合しない高頻度の金融商品の売買を勧誘し、顧客に過度の手数料を負担させる行為（合理的な理由を欠く高頻度か否かの判断にあたっては、顧客の年間の平均投資残高に対する支払手数料の累計額の割合、当該顧客の過去の取引頻度等について、通常の投資行動から著しく逸脱したものではないか留意するものとする。)」をあげています(監督指針Ⅲ－2－3－1(1)④イ)。

上記のほか、監督指針は「不適当又は不誠実な投資勧誘行為」として、次の行為を例示しています(監督指針Ⅲ－2－3－1(1)④ロ・ハ)。

① 顧客に対し、顧客属性や本来の投資目的に適合しない金融商品を勧誘するため、当該金融商品に適合するような投資目的への変更を、当該顧客にその変更の意味や理由を正確に理解させることなく求める行為

② 顧客属性や投資目的を踏まえると複数の金融商品が顧客に適合する可能性のある状況において、合理的な理由がないにもかかわらず、手数料の高い金融商品を勧誘する行為

4 説明の尽くし方にも影響するルール

金融商品のリスクを説明するにあたって、事業者は、顧客の知識、経験、財産の状況、取引目的に照らして、当該顧客に理解されるために必要な方法および程度による説明をしなければなりません(金商法37条の3第2項・金サ法4条2項)。一人ひとりの顧客の意向と実情に応じて、説明の尽くし方を工夫しなければならないということです。適合性の原則は、金融商品のリスクの説明の尽くし方にも大きく影響を及ぼす重要なルールなのです。この説明義務の方法および程度に関するルールを、「広義の適合性の原則」と呼ぶことがあります(これに対し、金商法40条1号の勧誘禁止ルールを「狭義の適合性の原則」と呼ぶことがあります)。

5 まとめ

このように適合性の原則は、投資勧誘の最も基本的なルールです。その内実は専門家である事業者に高度の注意義務を課すものです。近年、金融商品

は複雑化する傾向にあります。それぞれの金融商品がどのような顧客を想定して組成されているのかが重要です。適合性の原則は、販売にあたる事業者がその内容を正確に理解し、想定していない顧客に販売が行われないように注意するとともに、顧客に必要な情報をわかりやすく提供しなければならないということを求めています。

コラム⑦　プロダクトガバナンス

資産運用会社等においては、顧客の最善の利益に適った商品提供を確保するための枠組みであるプロダクトガバナンスを実践していくことが重要です。資産運用会社等は、投資信託等の形で顧客から預かった資金を運用しており、顧客に対する忠実義務や誠実公正義務を負い、2023年の改正法の下では最善利益勘案義務を負います。これらを踏まえ、資産運用会社等に、体制整備、検証体制の確立、情報発信が求められます。

プロダクトガバナンスは、商品の組成・提供・管理の全体のプロセスを対象とする観点から、①プロダクトガバナンス体制の確保、②商品組成時の対応、③商品組成後の対応、④顧客に対する情報提供について、顧客本位の業務運営原則において明らかにする方向が示されています（第27回金融審議会市場制度ワーキング・グループ（2024年４月24日開催）資料５）。②③については、想定顧客と商品性の観点から求められる取組みが提案されていますが、前者については、リスク許容度を踏まえた取組みや、運用会社と販売会社における顧客情報共有のためのフォーマットの整備が期待されます。また、後者については、リスク・リターン・コストのバランスを適切に勘案した商品組成が必要であり、中長期的なコスト控除後のリターンやシャープレシオ等の評価・検証を継続的に行うことや、検証の結果を商品の改善等につなげていくことが必要です。

現時点では、顧客本位の業務運営原則に位置づけられる方向での議論ですが、欧州では金融商品市場指令（MiFID Ⅱ）の中に位置づけられており、わが国においても、資産運用業の高度化の観点から、法的な規律として整備されることが望まれます。

Q24 金融商品取引業者等の情報提供義務

顧客が、金融商品の購入をしようとするとき、金融商品取引業者等から、どのような情報が提供されるのでしょうか。

必要な情報の提供がない場合に、顧客はどのようなことを、金融商品取引業者等にいえますか。

▶▶▶ Point

①　金融商品の契約に際しては、金融商品取引業者等には、契約締結前の情報提供義務、契約締結時の情報提供義務、保証金受領書面の交付義務が課されています。

②　契約締結前の情報提供義務、契約締結時の情報提供義務において、顧客に提供すべき情報の内容は法令に定められています。

③　2023年の金商法改正により、情報提供は書面のみならず事業者の選択により電子的方法によることも可能になります（2025年５月28日までに施行）。

④　契約締結前の情報提供を行うときは、金融商品取引業者等は、顧客の知識、経験、財産状況、取引目的に照らして、当該顧客に理解されるために必要な方法および程度による説明をしなければなりません。

1　情報提供義務

契約に際しての金融商品取引業者等の顧客に対する情報提供義務に関し、金商法は、契約締結前の情報提供（同法37条の３）〔2025年５月28日までに施行〕、契約締結時の情報提供（同法37条の４）〔2025年５月28日までに施行〕、保証金受領書面の交付（同法37条の５）を定めています。

2 契約締結前の情報提供義務

⑴ 説明義務と情報提供義務

金融商品の取引は、その専門性から一般の顧客にとっては理解が容易でない場合も多く、また、顧客と事業者の間に大きな情報格差があります。そのため、その格差を改善し顧客が適正な投資判断をできるよう、金融商品取引業者等には顧客に対する説明義務・情報提供義務があるとされています。金融商品取引業者等の説明義務は、顧客の投資判断に関する意思決定の基礎となるものであり、十分に尽くされていない場合は、顧客に不測の損害が生じ、また、資本市場の公正な価格形成機能の実現が妨げられ、不適切な資金の流れが生じることになりかねません。

そこで、金商法は、金融商品取引業者等に、金融商品取引に関する重要事項について、それを記載した書面の交付または電子的方法による提供を求めるとともに、それらの事項を顧客に理解できるように説明する義務を課し、顧客が金融商品の仕組みやリスクについて正しい理解を形成したうえで投資判断ができるようにして、顧客を保護するとともに、資本市場の公正な価格形成機能の実現、適切な資金の流れの実現を図っています。

契約締結前にあらかじめ提供すべき情報の内容は、金商法37条の3〔2025年5月28日までに施行〕および金商業等府令に定められます（本稿執筆時点では、金商業等府令の改正案は公表されていませんが、2023年の改正では、情報提供義務の内容については改正前の規律が維持されるとされていますので、次の⑵では改正前の金商業等府令82条以下の規律に基づいて具体的内容を示します。改正金商業等府令公表後は、公表の条項をご確認ください）。

⑵ 顧客に提供すべき情報の内容

(A) 契約締結前に提供すべき情報の共通事項

契約締結前の情報提供の内容には、次の共通事項があります（金商法37条の3第1項、金商業等府令82条）。

① 金融商品取引業者等の商号、名称または氏名、住所
② 金融商品取引業者等である旨および登録番号等
③ 当該金融商品取引の概要
④ 手数料
⑤ 元本損失が生じるおそれがあるときは、その旨
⑥ 元本超過損が生じるおそれがあるときは、その旨
⑦ 当該契約前交付書面を十分に読むべき旨（2023年改正後は契約前提供情報になる見込み）
⑧ 顧客が預託すべき委託証拠金等がある場合は、その額・計算方法
⑨ 元本損失のおそれがあるときは、その直接の原因となる指標等およびその理由
⑩ 元本超過損のおそれがあるときは、その直接の原因となる指標等およびその理由
⑪ 租税の概要
⑫ 契約終了事由
⑬ クーリング・オフ適用の有無・内容
⑭ 金融商品取引業者等およびその業務の概要
⑮ 金融商品取引業者等への連絡方法
⑯ 金融 ADR の名称等

(B) 取引類型別の事項

契約締結前の情報提供の内容には、上記の共通事項のほか、取引類型別の共通事項も情報提供が求められます（金商業等府令83条以下）。

金商業等府令では、取引類型の事項として、有価証券の売買等に係る事項（同府令83条）、信託受益権等の売買等に係る事項の特則（同府令84条）、不動産信託受益権の売買等に係る事項の特則（同府令85条）、抵当証券等の売買等に係る事項の特則（同府令86条）、出資対象事業持分の売買等に係る事項の特則（同府令87条）、外国出資対象事業持分の売買等に係る事項の特則（同府令

88条)、主として信託受益権等の対する投資を行う事業を出資対象事業とする出資対象事業持分の売買等に係る事項の特則（同府令89条）などを定めています。

(c) 情報提供の手段

顧客への情報提供については、2023年改正前は、書面交付が原則であり、例外として、顧客の事前の承諾を得た場合、書面交付に代えて電子的方法による提供が認められていました（2023年改正前金商法37条の3第2項・34条の2第4項）。電子的方法による提供とは、①電子情報処理組織を使用する一定の方法（メール、ダウンロード方式、電子私書箱方式、ウェブサイト閲覧方式）または②磁気ディスク等を交付する方法により提供するものです。

2023年の改正により、各金融商品取引業者等の判断で、書面交付または電子交付のいずれかを選択できるようになります（金商法37条の3第1項〔2025年5月28日までに施行〕)。もっとも、顧客は電子交付の顧客は必要に応じて書面交付を請求できる選択肢が確保され、また、顧客の属性に応じて書面交付が可能であることを告知することが義務づけられます。

3 契約締結時の情報提供義務

(1) 契約の成立と情報提供義務

金融商品取引契約が成立したときには、金融商品取引業者等は、顧客に対し、金融商品取引契約に関する事項等を顧客に提供しなければならない（金商法37条の4〔2025年11月28日までに施行〕）とされています。顧客は、自身が締結した契約の内容を確認できる必要があるためです。

また、契約締結時以外に、投資信託・外国投資信託に係る契約の解約、投資口の払戻しが行われたときも、情報提供が必要とされています（2023年改正前金商法について金商業等府令98条1項1号・2号)。この場合も顧客が取引内容を確認できる必要があるからです。

アンケートご協力のお願い

ＱＲコードもしくはＦＡＸにてご回答ください。

FAX 03-5798-7258

購入した書籍名	金融商品取引のトラブル相談Ｑ＆Ａ

●弊社のホームページをご覧になったことはありますか。

・よく見る　・ときどき見る　・ほとんど見ない　・見たことがない

●本書をどのようにご購入されましたか。

・書店（書店名　　　）　・直接弊社から

・Amazon　・ネット書店（書店名　　　）

・謹呈　・その他（　　　）

●本書の満足度をお聞かせください。

・非常に良い　・良い　・普通　・悪い　・非常に悪い

●上記のように評価された理由をご自由にお書きください。

●本書を友人・知人に薦める可能性がどのくらいありますか？

・ぜひ薦めたい　・薦めたい　・普通　・薦めない

●上記のように評価された理由をご自由にお書きください。

⑵　契約締結時に提供すべき情報の内容

金融商品取引業者等が提供すべき情報の内容は、金融商品取引契約に関する事項その他の内閣府令で定める事項です。金融商品取引契約に係る共通記載事項（金商業等府令99条）のほか、有価証券の売買その他の取引・デリバティブ取引（同府令100条）、有価証券売買その他の取引・有価証券関連デリバティブ取引（同府令101条）、デリバティブ取引（同府令102条）、抵当証券（同府令103条）、商品ファンド関連取引（同府令104条）、競走用馬投資関連取引（同府令105条）、投資顧問契約（同府令106条）、投資一任契約（同府令107条）が該当事項です。

4　保証金受領書面の交付義務

金融商品の中には委託証拠金等の保証金を預かる形式の取引があります。そうした取引では、ブローカーが金銭を受け取るときにトラブルが発生しやすいとの考え方から、委託者保護のため、内閣府令で定めるものについて、委託証拠金等の保証金を金融商品取引業者等が預かったときは、直ちに受領金額や名目等を明記した書面を交付しなければならないと定めています（金商法37条の５）。

5　情報提供とクーリング・オフ

金商法37条の６は、政令指定の契約につき、契約締結時の情報提供を受けた日から政令で定める日数を経過するまでの間は、クーリング・オフをすることが可能と規定しています（金商法37条の６〔2025年11月28日までに施行〕）。

クーリング・オフは必ずしも広く認められてきていませんが、投資顧問契約では、契約締結前の情報受領の日から10日間は、クーリング・オフが可能とされます（金商法施行令16条の３）。

コラム⑧ 重要情報シート

重要情報シートとは、金融機関が提供する金融商品やサービスに関する重要な情報を記載したシートのことです。

以前から、金融商品の販売にあたっては、契約締結前交付書面や目録見書などの法定書面が定められていましたが、それだけでは、顧客に本当に必要な情報が伝わりにくいという指摘がありました。そこで、金融商品を横断的に比較・検討することができ、また、商品構造やリスクについて、わかりやすく説明をするための事項が記載されたシートの必要性が議論され、「顧客本位の業務運営に関する原則」(2021年1月15日改訂) の原則5【重要な情報の分かりやすい提供】(注4) への対応として、導入されました。金商法上は、重要情報シート等を使用し (書面または電子的方法)、かつ、契約締結前に提供すべき情報の主たる内容を顧客に説明した場合、契約締結前の情報提供義務が適用除外となります (金商業等府令80条1項7号・6項)。

金融庁のウェブサイトには、サンプルとして「金融事業者編」と、「個別商品編」の2種類のシートが公表されています。「金融事業者編」には、その金融商品取引業者等が取り扱っている商品が記載され、「個別商品編」は、それぞれの金融商品の基本的な事項が記載されています。「個別商品編」では、「商品組成に携わる事業者が想定する購入層」として、「①投資目的」とともに「②リスク許容度」を記載すべきとしている点が重要です。

顧客は、購入を検討している金融商品に関し、重要情報シートを見比べることによって、リスクと運用実績、コスト、換金・解約の条件等、知りたい情報について横断的に比較検討できることになります。また、重要情報シートの (質問例) を参考にして金融商品取引業者等の担当者に質問をし、その金融商品の仕組みやリスクを理解するとともに、リスク面・コスト面について類似商品と比較検討するなどして、自分自身にふさわしい金融商品を選ぶことができるようになります。

金融商品取引業者等としても、この重要情報シートによって、顧客の理解を促すとともに、ほかの金融商品と比較検討するなどして、当該顧客に最適な金融商品を勧めることができるようになりますから、顧客本位の業務運営を行うため積極的に活用することが期待されます。

【参考資料】 一定の投資性金融商品の販売・販売仲介に係る「重要情報シート」フォーマット（例）（金融事業者編）

1．当社の基本情報　（当社はお客様に金融商品の販売[又は販売仲介]をする者です）

社名	
登録番号	
加入協会	
当社の概要を記したウェブサイト	

2．取扱商品　（当社がお客様に提供できる金融商品の種類は次のとおりです）

預金（投資性なし）		預金（投資性あり）	
国内株式		外国株式	
円建債券		外貨建債券	
特殊な債券（仕組債等）		投資信託	
ラップ口座		ETF、ETN	
REIT		その他の上場商品	
保険（投資リスクなし）		保険（投資リスクあり）	
これら以外の商品			

3．商品ラインナップの考え方（商品選定のコンセプトや留意点は次のとおりです）

4．苦情・相談窓口

当社お客様相談窓口	
加入協会共通の相談窓口（○○）	
金融庁金融サービス利用者相談室	0570-016811（03-5251-6811）

※ 各窓口の詳細は契約締結前交付書面の P○に記載しています。

【参考資料】一定の投資性金融商品の販売・販売仲介に係る「重要情報シート」フォーマット（例）（個別商品編）

1．商品等の内容（当社は、組成会社等の委託を受け、お客様に商品の販売の勧誘を行っています）

金融商品の名称・種類	
組成会社（運用会社）	
販売委託元	
金融商品の目的・機能	
商品組成に携わる事業者が想定する購入層	
パッケージ化の有無	（ありの場合）この金融商品は、複数の金融商品を組み合わせた商品です。これらを個別の金融商品として購入することもできます。（又は購入することはできません。）
クーリング・オフの有無	クーリング・オフ（契約日から一定期間、解除できる仕組み）の適用はありません。

（質問例）① あなたの会社が提供する商品のうち、この商品が、私の知識、経験、財産状況、ライフプラン、投資目的に照らして、ふさわしいという根拠は何か。

② この商品を購入した場合、どのようなフォローアップを受けることができるのか。

③ この商品が複数の商品を組み合わせたものである場合、個々の商品購入と比べて、どのようなメリット・デメリットがあるのか。

2．リスクと運用実績　（本商品は、円建ての元本が保証されず、損失が生じるリスクがあります）

損失が生じるリスクの内容	運用資産の市場価格の変動による影響を受けます。
	投資先などの破綻や債務不履行による影響を受けます。
	為替相場の変動による影響を受けます。
	（その他）
〔参考〕過去 1 年間の収益率	○%　（ない場合にはベンチマーク又は関係する指数の実績）（○年○月末現在）
〔参考〕過去 5 年間の収益率	平均○%　最低○%（20××年○月）　最高○%（20××年○月） （○年○月～○年○月の各月末における直近 1 年間の数字）

※ 損失リスクの内容の詳細は契約締結前交付書面【交付目論見書】の P○、運用実績の詳細は交付目論見書の P○に記載しています。

（質問例）④ 上記のリスクについて、私が理解できるように説明してほしい。

⑤ 相対的にリスクが低い類似商品はあるのか。あればその商品について説明してほしい。

3．費用　（本商品の購入又は保有には、費用が発生します）

購入時に支払う費用　（販売手数料など）	
継続的に支払う費用　（信託報酬など）	
運用成果に応じた費用　（成功報酬など）	

※ 上記以外に生ずる費用を含めて詳細は契約締結前交付書面【交付目論見書】の P○に記載しています。

（質問例）⑥ 私がこの商品に○○万円を投資したら、それぞれのコストが実際にいくらかかるのか説明してほしい。

⑦ 費用がより安い類似商品はあるか。あればその商品について説明してほしい。

4．換金・解約の条件（本商品を換金・解約する場合、一定の不利益を被ることがあります）

この商品の償還期限は【20××年××月××日です。/ありません。】 但し、期間更新や繰上償還の場合があります。
この商品をお客様が換金・解約しようとする場合には、○○○○○○（解約手数料など）として○○をご負担いただくほか、一定の制限や不利益が生じます。
○○の場合には、換金や解約ができないことがあります。

※ 詳細は契約締結前交付書面【交付目論見書】のP○に記載しています。

（質問例）⑧ 私がこの商品を換金・解約するとき、具体的にどのような制限や不利益があるのかについて説明してほしい。

5．当社の利益とお客様の利益が反する可能性

当社がお客様にこの商品を販売した場合、当社は、お客様が支払う費用（販売手数料、信託報酬等の名目を記載）のうち、組成会社等から○%の手数料を頂きます。これは○○○○○○（販売仲介など）の対価です。
当社は、この商品の組成会社等との間で○○の関係があります。（又は資本関係等の特別の関係はありません。）
当社の営業職員に対する業績評価上、この商品の販売が他の商品の販売より高く評価される場合があります。（又は評価されるような場合はありません。）

※ 利益相反の内容とその対処方針については、「顧客本位の業務運営に関する原則」の「取組方針」P○をご参照ください。（URL）

（質問例）⑨ あなたの会社が得る手数料が高い商品など、私の利益よりあなたの会社やあなたの利益を優先した商品を私に薦めていないか。私の利益よりあなたの会社やあなたの利益を優先する可能性がある場合、あなたの会社では、どのような対策をとっているのか。

6．租税の概要（NISA、つみたてNISA、iDeCoの対象か否かもご確認ください）

※ 詳細は契約締結前交付書面【交付目論見書】のP○に記載しています。

7．その他参考情報（契約にあたっては、当社Webサイトに掲載された次の書面をよくご覧ください）

・販売会社（当社）が作成した「契約締結前交付書面」
　（URL）http://www/・・・・・・　　(QRコード)
　※PDF形式で掲載しています。

・組成会社が作成した「目論見書」
　（URL）http://www/・・・・・・　　(QRコード)
　※PDF形式で掲載しています。

契約締結に当たっての注意事項等をまとめた「契約締結前交付書面」、金融商品の内容等を記した「目論見書」については、ご希望があれば、紙でお渡しします。

（金融庁ウェブサイトより引用）

Q25 金融商品取引業者等の説明義務

顧客が、金融商品の購入をしようとするとき、金融商品取引御者等から、どのような説明がなされるのでしょうか。

適切な説明がない場合に、顧客はどのようなことを、金融商品取引業者等にいえますか。

▶▶▶ Point

① 金融商品取引業者等には信義則に基づく説明義務が認められ、その違反には損害賠償が命じられます。

② 2023年の金商法改正により、実質的説明義務が法定されました。

③ 説明義務が尽くされたか否かは、当該顧客の属性や契約締結目的等を前提としつつ、各金融商品取引の類型、商品の性質に応じて個別に検討する必要があります。

④ 説明の対象事項としては、商品特性および取引の仕組み、リスクの有無と程度およびリスクの発生原因等があげられます。

⑤ 顧客の属性に照らして当該顧客が理解できる方法と程度による説明が求められます。

1 金融商品取引業者等が説明義務を負うこと

金融商品取引業者等は金融商品取引に関する専門的知識と情報収集・分析能力を有しており、一般個人投資家は金融商品取引業者等の専門性を信頼してその情報に依拠して投資判断を行います。また、金融商品取引業者等は顧客の信頼の醸成に努力し、かつ、これを利用することによって自己の営業を拡大しています。こうした関係が存在するのが、金融商品取引の現実です。

このように情報や能力の格差を背景とする信頼の関係が金融商品取引業者

等と個人投資家との関係の基礎にあることから、金融商品取引業者等は顧客に対し、その投資判断を誤らせないよう正確な情報を提供すべき責任を負います。金融商品取引業者等が顧客に対し正確な情報を提供しなかったことによって顧客が損害を被ったときには、その損害を顧客の信頼を裏切った金融商品取引業者等が負担すべきことは当然です。

金融商品に関する説明義務は、金融機関が金融商品を販売するにあたって、顧客に対して信義則上負うものとして、裁判例により形成され、確立してきました。裁判例の積み重ねを背景として2000年５月には金販法が制定され、金融商品に関する民事上の説明義務に関する規定および同法上の説明義務違反と損害との因果関係が推定される旨の規定がおかれました（その後2006年に改正され、説明の方法と程度についての規定の追加等がされました。）現在の金サ法においてもその規定は維持されています。また、金商法では、書面交付義務とともに、内閣府令において実質的説明義務が定められていました。2023年の改正では、書面交付義務が情報提供義務に改められるとともに（Q24参照）、実質的説明義務が法律上規定されています〔2025年５月28日までに施行〕。

次で、説明義務違反を理由とする損害賠償請求について、主として述べます。

2　法令上の根拠

⑴　民　法

金融商品に関する説明義務は、金融機関が金融商品を販売するにあたって、民法１条２項の信義則に基づいて認められます。そして、説明義務違反が認められる場合、不法行為として損害賠償請求が認められます。これまで、多くの裁判例が蓄積されてきました。初期の代表的な裁判例として、東京高裁平成８年11月27日判決・判時1587号72頁があります（同判決は、最高裁平成10年６月11日判決・セレクト８巻325頁によりその判断が正当とされました)。

同判決では、「証券会社及びその使用人は、投資家に対し証券取引の勧誘をするに当たっては、投資家の職業、年齢、証券取引に関する知識、経験、資力等に照らして、当該証券取引による利益やリスクに関する的確な情報の提供や説明を行い、投資家がこれについての正しい理解を形成した上で、その自主的な判断に基づいて当該の証券取引を行うか否かを決することができるように配慮すべき信義則上の義務(以下、単に「説明義務」という。)を負うものというべきであり、証券会社及びその使用人が、右義務に違反して取引勧誘を行ったために投資家が損害を被ったときは不法行為を構成し、損害賠償責任を免れないものというべきである」とされました。

(2) 金サ法

金サ法4条は、金融商品販売業者等の説明義務を定めています。この説明は「顧客の知識、経験、財産の状況及び当該金融商品の販売に係る契約を締結する目的に照らして、当該顧客に理解されるために必要な方法および程度によるものでなければならない」とされています(同条2項)。

金サ法の説明義務は、説明すべき内容を類型的に定めているのが特徴です。すなわち、説明義務の対象事項は重要事項とされ、①元本欠損のおそれがあるときは、その旨とその要因、取引の仕組み、②当初元本を上回るおそれがあるときは、その旨とその要因、取引の仕組み、③権利行使期間、解除期間などの期間制限があるときはその旨を説明すべきとされます(同法4条1項)。

取引の仕組みとしては、たとえば有価証券を取得させる行為の場合は、有価証券に表示される権利・有価証券とみなされる権利の内容、顧客が負うこととなる義務の内容についての説明が求められます(金サ法4条5項2号)。

金融商品販売業者等がこの説明義務に反して重要事項について説明しなかった場合は、顧客に対する損害賠償義務を負います(金サ法6条)。

金サ法の説明義務については、損害額と因果関係が推定されること(金サ法7条1項）などに特徴があるものの、同法制定前より信義則上の説明義務の内容が判例法理において深化していったため、必ずしも裁判実務上あまり用いられてきませんでした。ただし、大阪高裁平成27年12月10日判決・金法2036号49頁などは、他社株転換可能債（EB債）事案で契約締結前交付書面が交付されなかったという事実認定の下、金販法（当時）により被告証券会社の損害賠償責任を認めており、今後も訴訟実務において同法の説明義務違反が認められる事例の集積が期待されます。

⑶　金商法

金商法は、金融商品取引業者等の民事上の責任としての説明義務を直接には定めていませんでしたが、金融商品取引業者等の顧客に対する誠実義務、重要事項について説明しないで契約することを禁止事項とする金商業等府令117条1項1号などの規定がありました。すなわち、金商法38条9号・金商業等府令117条1項1号は、契約締結前書面交付義務（金商法37条の3第1項）の規定を前提として、金商法37条の3第1項3号～7号に掲げる事項について、顧客の知識、経験、財産の状況および金融商品取引契約を締結する目的に照らして当該顧客に理解されるために必要な方法および程度による説明をすることなく、金融商品取引契約を締結する行為を禁止する形で、実質的説明義務を定めていました。これらは、信義則上の説明義務を根拠づけるものと解されていました。

2023年の改正において、金融商品取引業者等は、契約締結前に顧客に対し情報の提供を行うときは、顧客の知識、経験、財産の状況、取引の目的に照らして、当該顧客に理解されるために必要な方法および程度により、説明をしなければならないこととされました（金商法37条の3第2項）。なお、同項では、損失を生じるおそれ、および、委託保証金等を上回る損失が生じるおそれが、説明対象から除外されていますが、これらの説明義務は金サ法4条によります。法律上の規定の重複を避ける趣旨で条文が整理されたものです。金商法と金サ法の実質的説明義務はシームレスに適用され、その違反は行政処分の対象となり得ます。

3 説明義務の内容

金融商品への投資勧誘の際に金融商品取引業者等が顧客に対して負担する説明義務の範囲・内容は、当該顧客の属性や投資目的等を前提としつつ、各金融商品取引の類型、商品の性質に応じて個別に検討されます。

いかなる事項に関する説明がいかなる程度に必要であるかは、顧客が当該金融商品のリスクの引受けを合意したといえるために当該金融商品についてどのような説明が必要かという観点から検討されるべきで、いかなるリスクをいかなる形で組成した商品であるか、当該リスクを引き受ける投資判断を自律的に行うことを可能にするに足りる情報提供がなされたか否かという見地から検討すべきところです。一般的に説明義務の対象事項としては次のようなものがあげられます。

(1) 商品特性および取引の仕組み

取引を行おうとする商品の特性や取引の仕組みを理解することはリスクや投資判断のポイントを理解する前提として不可欠であり、これについて説明が必要なことは当然です。

商品特性については、金融商品の安全性・流動性・収益性がどのようなものであるか、当該金融商品の有するリスクにはどのような特徴があるか、当該金融商品においてリスクとリターンはどのような相関関係があるのかなどについての基本的な説明が必要です。

上記の商品特性を基礎づけているのは、当該金融商品の取引の仕組みであり、これについても顧客に対する説明が必要です。

(2) リスクの有無と程度およびリスクの発生原因

リスクの有無とその程度は、投資判断に際しての最重要情報の一つであり、その内容は具体的に説明されなければなりません。これについて曖昧な説明をしたり、十分な情報が提供されていなかったりした場合には、リスクに関する顧客の認識が十分に形成されず、結果として誤った投資判断を導くことになります。

金融商品のリスクについては、一般に価格変動リスク、為替変動リスク、信用リスク、流動性リスクが指摘されています。当該金融商品が抱えるこれらのリスクについて具体的に説明する必要があります。

リスクの程度については、「損失の谷の深さについて、具体的な数値によるシミュレーションが示されていることが望ましく、そのような形で、リスクの質と量とを具体的にイメージできる説明になっている必要があると解される」とされており、リスクの定性的な面と定量的な面の両方が具体的にイメージできる説明が必要と解されています（司法研究所編『デリバティブ（金融派生商品）の仕組み及び関係訴訟の諸問題』（司法研究報告書68輯１号）(2017年))。

また、リスクの有無や程度を知るためには、リスクの発生要因を知ることが前提となるため、そもそも顧客が時々の投資判断を行っていくためには、こうしたリスクの発生要因を認識する必要があります。顧客の自己責任に基づく判断を確保するためには、こうしたリスクの発生要因についても説明が必要です。

⑶　手数料および諸経費

手数料および諸経費は顧客の負担となり、利幅の少ない取引や多数回の取引を行うことによって、顧客の損失となっていく可能性があります。したがって、これら顧客が負担すべき金員に関する説明は重要です。金商法37条の３第１項４号は、手数料等について契約締結前に情報提供をすべきことを定めています〔2025年５月28日までに施行〕。

4　説明義務の程度

説明義務の程度について、多数の裁判例は、顧客の知識、能力等に応じて当該顧客が理解できる程度に説明すべきと判示しています。説明書やパンフレットが交付され一応の説明は行われたと認められる場合においても、説明の程度が顧客にリスクの内容を具体的に理解させるものではなかったときには、説明義務違反が認められます。説明書の交付や確認書の徴求により、説明義務が尽くされたことにはなりません。

また、顧客の理解との関係では、裁判例では、顧客の理解が得られるように説明し、顧客が正しい理解を形成したうえで当該取引を行わせるべきであるとして、顧客が当該取引について理解したことを要求するものが増えています。

これらの説明義務が尽くされなかった場合には、不法行為が成立し、投資家が金融商品取引業者等に対して損害賠償請求ができることになります。

5 誘導型説明義務違反

金融商品取引業者等が負う説明義務の内容は、①顧客に対し投資内容を十分理解し自己責任において投資判断をなしうるための情報を積極的に提供すべき義務（作為義務）のほか、②誤った情報や誤解を生じさせるような情報を提供すること（誤導型説明義務違反）の禁止（不作為義務）があります。誤導型説明義務違反は、虚偽告知の禁止や断定的判断の提供の禁止等（金商法38条、金サ法5条）を根拠とするものです（Q26参照）。多くの裁判例において、①だけでなく、②も含めて、説明義務違反と認定されています。

Q26　虚偽告知の禁止・断定的判断の提供等の禁止

私は、A 証券会社の従業員から、口外禁止を求められたうえで、「(A 証券会社の）内部情報として、B 社は A 証券会社の完全子会社で、B 社の株価は 2 万円くらいだが、内部では確実に 6 万円になるとみています。どんなに悪くてもすぐに 4 万円になるのは確実です」と言われて、B 社の株を購入しました。しかし、B 社の株は値上がりすることなく、私は損害を被りました。私は A 証券会社にどのような請求をすることができますか。

▶▶▶ Point

① **金融商品取引業者等またはその役員、使用人は、金融商品取引契約の締結または勧誘に関して、顧客に「虚偽の事実を告げる行為」が禁止されています。**

② **金融商品取引業者等またはその役員、使用人は、金融商品取引契約の勧誘に際し、顧客に「不確実な事項について断定的判断を提供し、確実であると誤解をさせるおそれのあることを告げる行為」が禁止されています。**

③ **①②の禁止行為に反した場合は、損害賠償責任の根拠となり、消契法上では契約の取消原因になる場合があります。**

1　虚偽告知の禁止

金融商品取引業者等またはその役員、使用人は、「金融商品取引契約の締結又は勧誘に関して、顧客に対し虚偽の事実を告げる行為」が禁止されています（金商法38条 1 号)。「虚偽」とは真実と異なることです。過失により真実と異なることを告げる行為は虚偽の事実を告げる行為に該当しないとする見解もありますが、虚偽表示の禁止（金商業等府令117条1項2号）については故意過失を問わずに適用されると理解されていることもあり、行政処分との関係では、認識の有無は問わないと考えられています（松尾直彦『金融商品取引法〔第7版〕』（2023年）479頁）。「告げる行為」は、口頭による場合に限定されず、書面を示して相手方に認識させる等の方法も該当します。適用対象は重要事項に限定されませんし、特定投資家にも適用されます。また、本号は、「金融商品取引契約の締結またはその勧誘」に関する虚偽告知を禁じていることから、「勧誘」がない場合でも、契約の締結にあたっての虚偽告知を禁じています。

この規定に違反した場合は、刑罰の対象となり（金商法198条の6第2号）、行政処分の対象になります（同法51条・52条1項7号）。また、損害賠償請求の根拠となり（民法709条・715条）、消費者契約である場合には、取消原因にも該当する可能性があります（消契法4条1項1号）。

金商業等府令117条1項2号の虚偽表示の禁止は、表示の手段に限定はなく、口頭、文書のみならず、図画、放送、映画等も含まれ、ある事柄を他人にわかるように表すものであれば足りることから、虚偽の告知があれば虚偽の表示にも該当します。

また、金商法157条2号は、何人も「有価証券の売買その他の取引又はデリバティブ取引等について、重要な事項について虚偽の表示があり、又は誤解を生じさせないために必要な重要な事実の表示が欠けている文書その他の表示を使用して金銭その他の財産を取得すること」を禁止しています。

3 断定的判断の提供・確実性誤解告知を伴う勧誘の禁止

金商法は、金融商品取引業者等またはその役員、使用人が、「顧客に対し、不確実な事項について断定的判断を提供し、又は確実であると誤解をさせるおそれのあることを告げて金融商品取引契約の締結の勧誘をする行為」を禁止しています（同法38条2号）。

禁止の対象は「不確実な事項」であり、「価格」、指数先物取引における「指数」「数値」、スワップ取引における「金利」等に限定されません。たとえば、儲かる、儲からないかは不確実であるから、儲かると断定すれば、不確実な事項について断定的判断を提供したことになります。「確実であると誤解させるおそれのあることを告げ」とは、確実であると告げなくても、さまざまな状況から確実であると誤解するようなことを告げることをいいます。他方で、非断定的な予想ないし見解を告げる場合や、投資判断として第三者の評価・予想を提供する行為はこれに該当しないと指摘されています（神田秀樹ほか編『金融商品取引法コンメンタール第2巻』（2014年）288頁）。断定的判断が提供された場合には、それが合理的根拠に基づくものであるか、結果的に正しかったか否かは問われません。また、断定的判断を「提供」することが禁止されていますから、たとえば、ウェブサイト上に断定的判断を記載した場合もこの規定に反します。

この規定に違反した場合は、行政処分の対象になります（金商法51条・52条1項7号）。また、損害賠償請求の根拠となり（金サ法5条・6条、民法709・715条）、消費者契約である場合には、取消原因にも該当する可能性があります（消契法4条1項2号）。

4　設問の場合

設問の事案は、東京地裁平成8年7月26日判決・セレクト6巻60頁（控訴審は、東京高裁平成9年5月22日判決・判時1607号55頁）を参考にしています。同事例において、原審は、A証券会社の従業員の勧誘は「値上がりの見込みを強調するものであるが、根拠については具体的な事実を述べず、抽象的に内部情報があると告げるに止まり、……株式取引の経験を有する原告〔著者注：顧客〕において、右のような勧誘のみにより本件株式が確実に値上がりすると信じるとは到底考え難」く、顧客は自己の判断で株式を購入したと認定して顧客の不法行為に基づく損害賠償請求を棄却しました。これに対し、控訴審は、「株式取引について専門的な知識を有する証券会社の社員が特定の顧客に対して、他に口外しないように口止めした上、株式が確実に値上がりするとの内部情報がある旨説明して勧誘する場合には株価の値上がりの根拠等の具体的な説明を伴わないものであっても、当該顧客に対してのみ明かされる株価の動向についての秘密の情報が提供されたと信じさせるに足りる」ものであり、株式取引に伴う危険性についての認識を誤らせる行為というべきであるから、株価の価格が高騰することの断定的判断を提供して勧誘する行為に該当すると判断し、不法行為に基づく損害賠償責任を認めました（過失相殺5割）。

Q27 損失補塡の禁止

証券会社の外務員から、普段は高配当だが、相場を下回ると元本が大幅に減少する内容の仕組債の勧誘をされました。その外務員から、「もし相場が下がっても、その時には元本の損失分を会社の方で補塡するので安心してください」と説明をされました。このような説明に問題はないのでしょうか。

▶▶▶ Point

① 金商法上、損失補塡は禁止されています。

② 不法行為に基づく損害賠償を行う場合、原則として事故確認を得ることが必要です。他方、裁判などによる場合は事故確認は不要です。

③ 損失補塡を伴う勧誘を行った事業者は、損害賠償責任が問題となります。

1 損失補塡の禁止の趣旨および効果

金融商品取引業者等は、有価証券売買取引等について当該有価証券等について生じた顧客の損失を負担すること（損失補塡）や、利益保証を顧客に対し申込み、または約束するなどの行為のほか、事後的に損失補塡等もすることも禁止されています（金商法39条1項）。また、顧客の側から損失補塡等の約束を要求したり、その実行を要求することも禁止されています（同条2項）。

投資取引は自己責任が原則であるにもかかわらず、特定の顧客にだけ損失を補塡することは、金融商品取引の公正さを損なわせるだけではなく、損失補塡等を伴う勧誘が行われることで、顧客の正常な投資判断を困難にし、公正な価格形成を妨げることになりかねないからです。

そのため、損失補塡の約束や利益保証の約束がされたとしても、その後に履行することは違法となるため、損失補塡や利益保証の履行請求自体は裁判例でも否定しています（東京高裁平成７年11月15日判決・判時1565号102頁）。

もっとも、３のように、損失補塡や利益保証の約束を伴う不当勧誘を行った場合に事業者に対して損害賠償責任が生じる場合もあります。

2 損失補塡の例外としての事故確認制度

⑴ 事故確認制度

投資は本来自己責任ですが、これは金商法・金サ法の行為規制が遵守され、自己責任を課すことができる状況が存在することが前提であり、顧客と事業者との間の情報格差が大きい状況下で、事業者の顧客に対する違法行為が行われた場合には、事業者は損害賠償責任を負います。

他方、損害賠償名目で違法な損失補塡がされることを防止するため、交渉で損害賠償を行うためには、原則として内閣総理大臣の事故確認（顧客の損失が金融商品取引業者等の不法行為等の事故によるものであることの確認）が必要とされています（金商法39条３項本文。なお、1000万円以下の場合は日本証券業協会が行い、1000万円超の場合は財務局が確認を行っています）。

⑵ 事故確認を不要とする場合

もっとも、次の場合は、事故確認を不要としています（金商法39条３項ただし書。金商業等府令119条）。

① 確定判決

② 裁判上の和解（即決和解を除く）

③ 民事調停

④ 日本証券業協会、金融商品取引業協会、認定投資者保護団体のあっせんによる和解

⑤ 弁護士会仲裁センター等のあっせんによる和解や仲裁判断

⑥ 地方公共団体（消費生活センターを含む）や国民生活センターにおける

あっせんによる和解や合意による解決

⑦　ADR 法による認証 ADR の認証紛争解決手続による和解

⑧　弁護士や司法書士が顧客を代理する和解で、文書により事故による損失を補塡するために行われることを調査確認したことが書面で通知されているもの（ただし、弁護士関与の場合は上限1000万円まで、司法書士関与の場合は上限140万円まで）

⑨　1000万円未満で金融商品取引業協会の事故確認を経たもの

⑩　10万円以下の支払いを内容とするもの

⑪　原因が注文執行の際の事務処理の誤りがコンピュータシステムの異常にあるもの

なお、上記のうち⑨⑩⑪については、金融商品取引業者等は当局への事後報告が義務づけられています（金商法39条３項）。

このように、訴訟等を伴わない交渉であっても、事故確認が不要となる場合も規定されていますが、事業者が「損失補塡禁止の原則」を盾に、事前交渉を拒否するケースも少なくありません。このような場合は、上記の根拠を示して、事業者の理解を促すことも必要です。

3　不当勧誘による損害賠償請求の可否

損失補塡の約束のような事業者による不当勧誘によって顧客が金融商品取引に引き込まれた結果、顧客が損失を被った場合には、このような勧誘は私法上も違法とされ、顧客は事業者に対し、不法行為責任を構成するものと考えられます。

この点について、金商法が、事業者だけではなく顧客に対しても損失補塡の禁止を求めている点（同法39条２項）をとらえて、事業者から、民法708条を類推適用するなどして不法行為責任を認めないという主張がされることがあります。

しかし、顧客に対して求められる損失補塡の禁止は、当該顧客が事業者に対し損失補塡の要求をすることに加え、事業者にその約束をさせることまで求められることなど、事業者と顧客とで禁止される内容が異なることを考えると、事業者が顧客に対し損失補塡を伴う勧誘を行った場合にまで不法行為責任が否定されるものではないと考えられます。

この点、前掲東京高裁平成7年11月15日判決は、事業者が利益保証を約束した事案において、「利益保証等の申出をして証券取引を勧誘した証券会社ないしその従業員側と、右申出をして証券取引を信じて証券取引をした顧客の双方の不法性の程度を比較して、顧客の不法性の程度がより強く、損害賠償請求を認容することが公序維持の観点から相当でないと認められる場合に、初めて同条〔著者注：民法708条〕の類推適用によってこれを拒否することができ、そうでない場合は、右請求を認容すべきである」と判示し、利益保証を積極的に告げるなどして勧誘するなど事業者の従業員の不法性の程度が極めて強いのに対し、顧客は利益保証の申出に惹かれて取引を開始するに至ったというにすぎず、その不法性は低いと認められるとして、事業者の損害賠償責任を認めています。また、上記の上告審である最高裁平成9年4月24日判決・判時1618号48頁も、顧客の不法性に比べ、証券会社の従業員の不法の程度が極めて強い本件では、証券会社の損害賠償責任を認めても民法708条の趣旨に反しないとして、事業者からの上告を棄却しています。

Q28　過当取引

長年買い増した勤務先の株式を2500万円ほど持っていましたが、定年退職後、証券会社の外務員が頻繁に来るようになり、勧められるままに取引をして、約１年で半分以下になってしまいました。購入代金を合計してみると総額５億円ほどにもなり、約６割は10日以内の取引です。証券会社の責任は問えないのでしょうか。

▶▶▶ Point

① **過当取引とは、証券会社等が、顧客が言いなりになるような状態をつくったうえで、顧客の信頼を悪用して、手数料を得るために、多数回・多量の取引をさせることをいいます。**

② **過当取引が認められる基準は、取引の過当性、口座支配性、担当者の悪意とされています（過当取引の３要件）。**

③ **裁判例では、②の要件に言及して違法性を認めるものや、誠実義務や利益配慮義務違反の観点から違法性を認めるものがあります。**

1　過当取引

(1)　過当取引

過当取引とは、証券会社等の金融商品取引業者が、取引における顧客の口座に対し支配を及ぼし、当該顧客の金融商品取引業者への信頼を悪用して、手数料稼ぎにより利益を図るために、当該口座の性格に照らして金額・回数において過当な取引を実行することとされています。

売買の頻度が高くて、売買額も大きければ、金融商品取引業者は、多額の手数料を得ることができます。そのため、金融商品取引業者が、自らの利益のために過当取引をさせ、その結果、顧客は著しい損害を被る問題が指摘されています。

(2) 過当取引の被害

過当取引の被害に遭うと、手数料だけでも合計で多額のものを徴収され、さらに買った株式等の値下がりでも多大な損失を被るなど、いわば、二重の被害に遭うことが多くなります。

誠心誠意、顧客の利益を考えて、証券会社の外務員が売買のアドバイスをするならば、過当売買にはならないはずです。過当取引の事例では、さまざまな勧誘文言により、顧客に対して、金融商品の購入、売却、買換えが勧められます。勧誘文言の中には、合理性が認めがたいような説明がされたり、断定的判断の提供や確実性を誤認させるような説明がされたりすることもあります。外務員の「巧みな誘導」により、顧客は頻回・多量の取引に誘導されます。

このような取引が、業績のよい会社の株式を買って会社の成長を待つとか、業績回復が予想される業界の株式を買って中長期で、値上がりを待つ、などという通常の株式投資に比べて、危険性が大きいことは明らかです（過当取引の勧誘は、「量的適合性」を欠く、などと評価されたりもします）。

2 過当取引の認定要素

取引の「過当性」の判断は、売買の頻度や売買量と、顧客の投資目的等を総合的に判断する必要があるなどとされています。

米国の裁判所で判断基準として取り上げられたものに、回転率、手数料化率、別顧客口座との比較があり、わが国の裁判例においても、これらの判断基準を基に検討がされています。つまり、①取引回数が多い場合、証券の保有期間が短い場合、過当性が認定しやすい、②回転率が高い場合、過当性が認定しやすいというものです。

特に、回転率とは、顧客の資本（投資額）が証券取引で何回転したか、ということです。年間回転率は、１年間の株式等買付総額÷各月末の投資残高の平均額で計算されます。つまり、平均して100万円の株式を持っている投資家が年間の株式等購入総額が1000万円なら、100万円の資本が10回転させられたから回転率は10回、などと考えるものです。回転率の計算は、エクセルや、証券取引の頻繁売買を分析するコンピューターソフトなどを用いて、裁判上で主張・立証されています。

米国の判例を紹介されている松岡啓祐教授によると、回転率が２回を超えると過当売買の可能性が生じ、４回を超えると過当売買であるとの推定が働き、６回を超えると過当売買であるとみなされる、とのことです（松岡啓祐「アメリカにおける証券の過当売買の規制と認定基準（４・完)」早稲田大学大学院法研論集67号（1993年）233頁）。

日本の判例の中には、過当取引の違法性認定の要件として、そのような回転率の高さ（取引の過当性）のほかに、過当売買が証券会社の外務員らの主導的影響により行われたこと（口座支配性)、顧客の被害についての主観的要素（悪意性)、これらの三つをあげるものも多くなっています。ただし、一定の回転率の高い取引について、証券会社の外務員らの主導により行われたことが証明されれば、そのような勧誘は著しく不合理であると考えられることから、証券会社の外務員の警告にもかかわらずそのような取引をことさらに顧客の側から希望したなどという反証が証券会社側からなされない限り、悪意性は容易に認定される、ともいわれています。

3　裁判例にみる過当取引

(1)　頻繁過当売買についての裁判例

頻繁過当売買についての裁判例としては、設問に類似の、大阪地裁平成22年４月15日判決・セレクト37巻１頁があり、この判決では、「本件取引は、取引開始後２か月弱で原告が長期間保有してきた全株式を売却し、かつ、約３か月後には信用取引を開始して、短期間かつ頻回に取引を行うというものであって、……原告の取引経験及び知識との比較において著しく過大な危険を伴うものであり、かつ……〔著者注：被告の〕勧誘態様は、原告の前記の取引経験や知識等に鑑みれば甚だ不十分な、原告の取引経験等に照らせば著しく過大な危険を伴う取引に原告を引き込む態様のものというべきであって、到底原告による自由かつ責任ある判断を担保する態様であったとはいえない」として、「上記のような本件取引を勧誘したことは、……注意義務に違反した（著しく過大な危険を伴う取引を積極的に勧誘した）ものとして、不法行為法上違法となる」と判示しています（控訴審である大阪高裁平成22年9月16日判決・セレクト38巻74頁は、証券会社の控訴を棄却しました）。

そのほか、多くの事案について、裁判例があります。

⑵ 過当取引の３要件を検討してその違法性を認めた判決

過当取引の３要件を検討してその違法性を認めた判決として、①大阪地裁平成９年８月29日判決・判時1646号113頁、②大阪高裁平成12年９月29日判決・セレクト17巻126頁、③大阪高裁平成12年10月24日判決・セレクト17巻158頁、④大阪地裁平成19年４月27日判決・セレクト29巻163頁、⑤大阪高裁平成20年３月25日判決・セレクト31巻１頁、⑥大阪地裁平成22年５月12日判決・セレクト37巻37頁、⑦名古屋地裁令和３年１月20日判決・セレクト58巻１頁などがあります。

このうち、①で出てくる「チャーニングの法理」は、米国の1943年連邦証券取引法10条ｂ項（一般的詐欺禁止規定）および10条15項ｃ項（ブローカー・ディラーの詐欺禁止規定）に違反する証券取引に関して形成された判例法理であり、その認定要件は次のとおりとされることを指摘し、これは日本法の解釈においても妥当すべきものである旨を判示しました。

ⓐ　当該取引の数量・頻度が顧客の投資知識・経験や投資意欲あるいは資金の量と性格に照らして過当であること（過当性の要件）

ⓑ　証券会社等が一連の取引を主導していたこと（コントロール性あるいは口座支配性の要件）

ⓒ　証券会社等が当該顧客の信頼を濫用して自己の利益を図ったこと（悪

意性の要件あるいは故意・重過失要件)。

そして、このうちⓒの要件は、ⓐⓑの要件が充足されれば当然に推定されるから、過当取引の認定の際に実質的に検討を要するのはⓐⓑの要件であるとしています。

⑶　顧客に対する誠実公正義務や利益配慮義務の見地からその違法性を認める判決

過当取引の３要件に言及することなく、誠実公正義務や利益配慮義務違反の観点から証券会社の違法性を認めるものも多く、①東京高裁平成10年９月30日判決・セレクト11巻55頁、②東京高裁平成11年７月27日判決・セレクト14巻１頁、③名古屋地裁平成20年３月26日判決・セレクト31巻32頁、④大阪地裁平成24年９月24日判決・セレクト43巻１頁、⑤東京高裁平成29年10月25日判決・セレクト54巻20頁、⑥神戸地裁平成30年９月10日判決・セレクト56巻１頁などがあります。

このうち、⑤は「本件信用取引については、全体を通じて、一審被告担当者が主導したことを否定することはできない。そして、本件信用取引の目的、態様、取引回数、手数料額等の取引の状況を踏まえれば、一審被告担当者が主導した本件信用取引は、社会的相当性を逸脱した違法なものというべきであるから、一審被告らの主張は採用することができない」などとして、原審（静岡地裁平成29年４月24日判決・セレクト53巻101頁）の判断を正当と判断しています。

過当取引は適合性の原則違反の一類型とも考えられ、監督指針においても「不適当又は不誠実な投資勧誘行為」の一つとされています（Q23参照）。

Q29 高齢の投資者の保護ルール

同居している父は80歳ですが、投資の経験がないのに証券会社から勧められてレバレッジ型上場投資信託（ETF）を買ったということでした。金融取引の勧誘について、高齢者を保護するルールはないのでしょうか。また、高齢者が不当な勧誘で損害を被った場合、被害救済の手続の面で配慮はされているのでしょうか。

▶▶▶ Point

① **金商法では、適合性の原則違反や説明義務違反の判断で、重要な考慮要素になります。**

② **自主規制規則では、高齢者への勧誘について規定をおき、ガイドラインを設けています。**

③ **高齢者に特有な被害救済手続はないため、各種 ADR か裁判等の手続が必要となります。**

1 投資保護ルールと高齢者

高齢者に対する金融商品の勧誘に際しては、適合性の原則と説明義務が重要です。適合性の原則については Q23、説明義務については Q25に解説がありますので、ここでは高齢者事案で注目すべき点を取り上げます。

次に、被害救済手続については高齢者のための特別な制度はありませんので、解決のためには各種 ADR か裁判手続が必要となります。紛争解決手続については Q44から Q45に解説がありますので、ここでは高齢者事案について補足します。

2　適合性の原則と説明義務

⑴　高齢者と適合性の原則

判例上、適合性の原則の考慮要素は、顧客の知識、経験、財産の状況、金融商品取引契約を締結する目的とされています。実際には、ここに具体的に列挙されている点のほかにも諸事情が考慮されており、高齢者の場合には、理解力・判断力が特に重要です。ただし、紛争解決の場面では、「説明をよく理解していた」「そんなはずはない」といった論争になりがちなため、年齢による判断力の低下の程度、疾病による理解力・判断力への影響などについて、医師の診断書や介護認定の状況などの客観的な資料で裏づけるとよいです。高齢者の判断力等を詳しく検討して適合性の原則違反を認めた裁判例として大阪高裁平成25年２月22日判決・判時2197号29頁、東京地裁平成28年６月17日判決・金商1499号46頁があり参考になります。

⑵　高齢者と説明義務違反

説明は当該顧客が理解できるように行う必要がありますので、高齢者の事案では、説明の方法や説明の程度がその商品の仕組みやリスクを理解するために十分であったかどうかが重要になります。

顧客が理解を欠いたまま契約して損失を被るという場合には、適合性の原則と説明義務の両方に違反するという事案があります。実際、⑴であげた二つの裁判例は、適合性の原則違反と説明義務違反を両方認めています。

なお、下記４のADRの手続では、適合性の原則違反には言及せず、説明が十分ではなかったというあっせん案が提示されて解決した事例が少なくありませんので、適合性の原則違反だけでなく説明義務違反も主張すべきです。

3　日本証券業協会ガイドライン

⑴　日本証券業協会の投資勧誘規則

日本証券業協会は、高齢者に対する勧誘ルールを定めています。「協会員の投資勧誘、顧客管理等に関する規則」（投資勧誘規則）5条の3では、社内規則を定めて適正な投資勧誘に努めなければならないと規定しています。これを受けて、「協会員の投資勧誘、顧客管理等に関する規則第5条の3の考え方（高齢顧客への勧誘による販売に係るガイドライン）」で、社内規則で定めるべき事項を具体的に解説しています。その概要は、次のとおりです。

⒜「高齢顧客」の定義

年齢の目安として、75歳以上とし、80歳以上である場合はより慎重な勧誘による販売を行う必要があるとしました。

⒝「勧誘留意商品」の勧誘

価格変動が大きい商品、複雑な仕組みの商品、換金性が乏しい商品を「勧誘留意商品」として、勧誘を行う場合は役席者の事前承認を得るなどの手続や条件を定めて慎重に対応することとしています。

⒞「勧誘留意商品」に該当しない商品

価格変動が比較的小さいこと、仕組みが複雑ではないことおよび換金性が高いことなどに該当する商品は「勧誘留意商品」に該当しないとして具体例をあげています。そこには、レバレッジ型やインバース型を含むETF・ETNなども幅広く含まれています（なお、実際にはETNによって短期間に多額の損失を被った事案があったことを背景に、2021年5月18日改正で「個別に勧誘留意商品とすることも考えられます」と追加されました）。

⒟ 勧誘手続

担当営業員が高齢顧客に対して勧誘留意商品の勧誘を行う場合には、役席者の事前承認を得る必要があるとしています。

⒠ 勧誘を行う場所・方法

電話や外交先で恒例顧客に勧誘留意商品を勧誘する場合には、原則として勧誘の当日受注を行うことは適当ではなく、翌日以降にあらためて確認するなどとしています。

(F)　約定後の連絡

80歳以上の高齢顧客が、勧誘留意商品の勧誘後に受注した場合には、担当営業者以外の者が約定結果を連絡して確認するとしています。

(2)　小　括

(1)のとおり、投資勧誘規則は、各社の社内規則による自主的対応をうながすもので、その内容もかなり限定的なものにとどまっています。したがって、これを遵守したからといって適合性の原則違反にならないということはありませんが、逆に違反があれば適合性の原則違反を強く指摘できます。

4　紛争解決手続

金商法は損失補塡を禁止しており、損害賠償の支払いは事故確認を受けるか、次の場合である必要があります（詳しくはQ27参照）。

すなわち、①確定判決、②裁判上の和解、③民事調停・17条決定、④認定投資者保護団体の手続による和解、指定紛争解決機関の手続による和解、⑤弁護士会仲裁センターの和解・仲裁判断、⑥消費者センター・国民生活センターのあっせんによる和解、⑦金融ADRによる和解、⑧弁護士の代理による1000万円以下の和解、司法書士の代理による140万円以下の和解です。

このうち、実際によく利用されるのは、裁判手続（①②。詳しくはQ44参照）、各種ADR（⑥⑦⑤。詳しくはQ45を参照）です。

かなり高齢になると、解決までに時間がかかるとか、裁判所まで行くのが困難であることなどの理由から、裁判手続は敬遠されることが少なくありません。そこで、消費生活センターで解決するのが困難な場合には、金融ADRの利用が考えられます。証券・金融商品あっせん相談センター（FINMAC）の場合は、四半期ごとに紛争解決の実施状況が公表されていますので、どういう事案でどういう解決がされたのか、あるいは解決に至らなかったのかの概要を把握できます。

コラム⑨ 若者を狙う怪しい投資話（FX、暗号資産等）

昨今、社会経験の浅い、若年の会社員や学生層に、知人関係を利用し、または、SNSでの出会いをきっかけに、巧妙な手口で暗号資産やFXやバイナリーオプション等に関連してお金を振り込ませる詐欺的商法の被害が拡大しています。

知人関係が用いられる典型的な手口としては、高校や大学の知人から、「飲みに行こう」などと誘われ、そこで、投資の話をされ、「投資ですごく稼いでいる先輩がいる」「紹介する」などと勧誘されます。その後、知人の「先輩」と喫茶店で会い、「これからは普通に働いていても将来の生活資金がなくなる」などと不安をあおられ、「投資をしたほうがいいが、投資にはリスクがあるので分析ツールが不可欠」などと勧誘されます。ツールの「担当者」を紹介されて、USBメモリに入ったシステム商品の説明を受け、その際、「勝率80%」とか、「USBを50万円で購入しても1カ月で返せる」などの説明が行われます。「先輩」からは、すぐに返済できるかのような体験談を聞かされ、借金をして購入しても、投資の収益ですぐに返済でき、かつ十分に儲けることができると誤信します。USBに入った分析ツール購入代金を工面するため、「先輩」に言われて、スマートフォンを通じてサラ金から借金をしたり、学生ローンで借り入れたりします。その際、借入れの目的や自身の年収等について、虚偽の内容を伝えるように指示されたりします。USBを購入してパソコンで見たところ、FX投資のシステムのようでしたが、やり方もわかりません。投資で儲けるためのノウハウについて「分析ツール」を用いた継続的な投資のサポートが受けられるとのことでしたが、担当者からは、ツールの使い方の説明があっただけでした。しばらくは、「先輩」からセミナーの誘いなどがあったものの、出かけてみるとマルチ商法の勧誘のノウハウを勉強するセミナーのようなものでした。そうした連絡も、10日ほど経つとなくなり、投資のサポートもなされず、「担当者」に返金を求めても全く応じてもらえず、結局借金だけが残ってしまった、といったものです。

FX投資のシステムについては、無償のFX分析ソフトを利用し、実際には、市場とつながっていないFX取引が行われているようにみえるなどのソフトのようです。

このほか、「成功体験を語ったブログやSNSの投稿を見て興味をもち、海外業者とバイナリーオプション取引を開始したが、利益が出ているはずなのに、出金を求めても応じてもらえず、そのうち事業者と連絡がとれなくなった」「友人から『絶対に儲かる』と勧められて、海外業者の取引口座に入金してFX取引を開始したところ、多額の損失が発生してしまった」「同級生から紹介された人に『AIを駆使して暗号資産を活用するので、投資すれば多額の配当がある』と勧められて借金をして150万円を投資したが、返金に応じてもらえない」といったトラブルも、若者をターゲットとして、多発しています。

金融商品取引としてこのトラブルをみた場合、「ツールを用いた継続的な投資のサポートが受けられると勧められて、FX取引のシステムを、そうしたサポート付きで購入する取引」は、外国為替証拠金取引という金融商品のデリバティブ取引について、有償で投資助言をする行為ですので、取引所取引か、店頭取引かにかかわらず、また国内取引か、海外取引かにもかかわらず、投資助言業務（金商法28条6項・3項1号・2条8項11号）として金融商品取引業に該当し、無登録業務は、罰則によって禁じられています（5年以下の懲役〔2025年6月1日から拘禁刑〕もしくは500万円以下の罰金。同法197条の2第10号の4）。

また、バイナリーオプション取引も、金融指標等についての店頭デリバティブ取引（金商法2条8項4号）の一種ですので、その業務は、金融商品取引業に該当しますし（同項）、暗号資産も、現行法上、金融商品であるとされていますので（同条24項3号の2）、暗号資産を活用した取引への投資が、デリバティブ取引なのであれば、その業務は、金融商品取引業に該当します。無登録業務は、上記のとおり、罰則によって禁じられています。

事業者が、金商法の無登録業者か否かは金融庁のウェブサイトでわかります。無登録業者の取引行為に対しては、公序良俗に違反する行為として、不当利得返還請求（民法90条・703条）、不法行為に基づく損害賠償請求（同法709条）をすることが考えられます。

また、こうした取引については、特商法上は、訪問販売、電話勧誘販売の規制や、時に連鎖販売取引の規制による民事規定の活用（クーリング・オフ、契約取消し等）も検討するべきこととなります。

金融庁や消費者庁のウェブサイトや窓口でこの種の被害や事業者の行政処分等に関する最新の情報を得て、消費者相談窓口を早期に利用し相談を開始されることが大事です。なお、若者をターゲットとした投資マルチに関する近時の刑事裁判例としては、名古屋地裁令和4年5月11日判決・裁判所ウェブサイトがあります。

第6章
投資助言・投資運用業の規制

Q30 投資助言サービス

投資に詳しい友人に、必ず上がる株式の銘柄をいち早くプロが教えてくれるという有料会員サイトに登録しないかと誘われました。

以前に大手の証券会社に勤めていた証券マンで、有料会員にのみ有力な株式情報を教えてくれるということですが、本当に信用できるのかどうか不安があります。

最近は、有料のメルマガ配信で有力な投資情報を提供するという類いのサービスも多く見受けられますが、こうしたサイトには何らかの法的規制はあるのでしょうか。

▶▶▶ Point

① 投資助言・代理業は、登録制で、金商法の規制を受けます。

② 投資助言・代理業者が顧客の情報や資産から不当に利益を得ることのないよう、さまざまな禁止行為が規定されています。

③ 投資助言・代理業に類似するものの該当しないとされるケースもあり、各行為が該当するか否かについて慎重な検討が必要です。

④ 2以上の登録業務を行う場合には、弊害防止措置がとられています。

1 投資助言・代理業とは

(1) 投資助言・代理業の定義

投資助言業務は、顧客に対して、投資顧問契約に基づき、有価証券の価値等や金融商品の価値等について、口頭、文書（新聞、雑誌、書籍その他不特定多数の者に販売することを目的として発行されるもので、不特定多数の者により随時に購入可能なものを除く）その他の方法により助言を行うものであり（金商法2条8項11号）、投資代理業務は、投資顧問契約または投資一任契約の締結の代理または媒介を行うものです（同項13号・28条3項）。

これらを行う者は、個人でも法人でもよいですが、投資助言・代理業を行うには、金商法29条に基づく登録を受ける必要があります。また、登録後、業務を開始する前に営業保証金500万円を主たる営業所の最寄りの供託所（法務局）へ供託したうえ、財務局・財務事務所へ供託の届出をする必要があります（同法31条の2、金商法施行令15条の12）。

⑵　投資助言業務における禁止行為

投資助言を業とする者は、顧客に助言する一方で、自らまたは他の顧客のために利益相反的な投資や助言をしたりするおそれや、相場操縦的なことを行うおそれもあり得るため、特定の行為について禁止事項が定められています（金商法41条の2第1号～6号）。具体的には、顧客相互ないし顧客と事業者間の利益相反行為（同条1号～3号）、利益相反となる危険性をはらむ取引として顧客との取引に関する情報の利用による自己売買（同条4号）、損失補填（同条5号）、不当に取引高を増加させ、または作為的に値づけすることとなる取引を行うことを内容とした助言等（同条6号、金商業等府命126条）が禁止されています。

⑶　投資助言業務における有価証券の売買等の禁止

投資助言業者が、一任売買をして、あるいは、一任売買をしたと称して、顧客からの預かり金を費消したり追加証拠金を求めたりする問題事例を防止するため、投資助言業者は、顧客相手または同顧客のための有価証券の売買も禁止されています（金商法41条の3）。

⑷　投資助言業務における金銭または有価証券の預託の受入れ等の禁止

投資助言業者が、顧客から預かり金を受けて、それをさまざまな口実で費消したり追加証拠金を求めたりする問題事例を防止するため、投資助言業者は、顧客からの金銭等の受入れが禁止されています（金商法41条の4）。

⑸　投資助言業務における金銭または有価証券の貸付け等の禁止

投資助言業者が、顧客に金銭を貸し付けるといって、さまざまな口実で負担を重くしていく問題事例を防止するために、投資助言業者に顧客に対して金銭または有価証券を貸し付けることが禁止されています（金商法41条の５）。

⑹　投資助言業務の該当性が問題となる場合

以上のように、投資助言業者は、顧客に対して被害を与えかねない危険をはらんでいることから登録制とされており、さまざまな禁止行為が定められていますが、一見投資助言業務にみえる行為であっても、これに該当せず、登録を要しないケースがあります。監督指針では、「一連の行為の一部のみを取り出して、直ちに登録が不要であると判断することは適切でないことに留意する」としながらも、投資助言業務に該当しない例として次の(A)①～③および(B)①～③をあげるとともに、解説の中で、投資助言業務に該当する場合について言及しています（監督指針Ⅶ－３－１⑵）。

(A)　不特定多数の者を対象として、不特定多数の者が随時に購入可能な方法により、有価証券の価値等または金融商品の価値等の分析に基づく投資判断（投資情報等）を提供する行為

たとえば、次の①～③までに掲げる方法により、投資情報等の提供を行う者については、投資助言・代理業の登録を要しないとされます。

他方、不特定多数の者を対象にする場合でも、インターネット等の情報通信技術を利用することにより個別・相対性の高い投資情報等を提供する場合や、会員登録等を行わないと投資情報等を購入・利用できない（単発での購入・利用を受け付けない）場合には登録が必要となるとされています。

①　新聞、雑誌、書籍等の販売　　一般の書店、売店等の店頭に陳列され、誰でも、いつでも自由に内容をみて判断して購入できる状態にあるものです。直接事業者等に申し込まないと購入できないレポート等の販売等は、登録が必要となる場合があります。

②　投資分析ツール等のコンピュータソフトウェアの販売　　販売店による店頭販売や、ネットワークを経由したダウンロード販売等により、誰でも、いつでも自由にコンピュータソフトウェアの投資分析アルゴリズ

ムその他機能等から判断して、当該ソフトウェアを購入できる状態にあるものです。販売業者等から継続的に投資情報等に係るデータその他サポート等の提供を受ける場合には、登録が必要となる場合があります。

③　金融商品の価値等について助言する行為　　有価証券以外の金融商品について、単にその価値やオプションの対価の額、指標の動向について助言し、その分析に基づく投資判断についての助言を行っていない場合、または報酬を支払うことを約する契約を締結していない場合には、当該行為は投資助言業務には該当しないとされています。

登録を要する場合、金商法上の金融商品取引業者等に対する規制の対象となり、違反が認められるときには、行政処分の対象となります。また、無登録で投資助言業務を行うことは、刑罰の対象ともなります（金商法197条の2）。最近の行政処分事例では、無料で会員登録をした者（以下、「見込顧客」といいます）に対し、メールマガジンを配信し、投資顧問契約の締結の勧誘を行っている事業者（投資助言・代理業の登録あり）が、投資顧問契約の締結の勧誘に際して、「金融商品取引契約の締結又はその勧誘に関して、顧客に対し虚偽のことを告げる行為」（金商法38条1号）を行い、かつ助言サイトの広告において、助言実績に関する事項について、著しく事実に相違する表示（同法37条2項）を行ったとして、業務停止命令および業務改善命令を受けています（同法51条～52条1項。2022年10月21日付け行政処分）。

(B)　投資一任契約等の締結の媒介に至らない行為

媒介に至らない行為を投資助言業者または投資一任業者から受託して行う場合には、投資助言・代理業の登録を得る必要はないとされています。

たとえば、次の①～③までに掲げる行為の事務処理の一部のみを投資助言業者または投資一任業者から受託して行うにすぎない者は、投資助言・代理業の登録が不要である場合もあるとされています。

①　商品案内チラシ・パンフレット・契約申込書等の単なる配布・交付

このとき、単に投資助言業者または投資一任業者の商号や連絡先等を伝えることはできますが、配布または交付する書類の記載方法等の説明をする場合には、媒介にあたることがあり得ます。

② 契約申込書およびその添付書類等の受領・回収（記載内容の確認等をする場合を除く）

このとき、単なる契約申込書の受領・回収または契約申込書の誤記・記載漏れ・必要書類の添付漏れの指摘を超えて、契約申込書の記載内容の確認等まで行う場合は、媒介にあたることがあり得ます。

③ 金融商品説明会等における金融商品の仕組み・活用法等についての一般的な説明

(7) 投資助言業務に該当しない場合の法適用

事業者の行為が投資助言業に該当しない場合は、金商法の規制対象となりませんが、特商法や消安法等により対応が図られることになります。

2 弊害防止措置等

金融商品取引業者等が、二つ以上の業務の種別（業務の種別については、金商法29条の2第1項5号）を行う場合の禁止行為（同法44条）として、取引情報を利用した取引勧誘（同条1号）や、他の業務のために投資助言業務・投資運用業で不必要な取引を行うこと（同条2号）、その他内閣府令で定める行為（同条3号、金商業等府令147条）についての規定があります。

また、その他業務に係る禁止行為（金商法44条の2第1項1号～3号、金商業等府令149条、金商法44条の2第2項4号、金商業等府令150条）も定められています。

さらに、親法人等または子法人等が関与する行為には一定の制限があり（金商法44条の3第1項1号～3号・2項1号～3号）、有価証券の引受人となった金融商品取引業者等についても制限があります（同法44条の4）。

Q31 投資運用業

私は、退職金を、ある投資ファンドに預けて運用してもらっています。投資ファンドなどでは、知識や経験のあるプロが投資金の運用をしていると聞きますし、投資金の運用は、顧客の大切なお金を扱うものなので、投資運用業として、金商法上、それなりの法規制がされているとも聞きます。そこで、投資運用業の法規制について、どのようなものがあるのか、教えてください。

▶▶▶ Point

① **投資運用業を行う場合には、登録が必要とされています。**

② **投資運用業者にも、金融商品取引業者一般に適用される行為規制が課されます。**

③ **投資運用業者には、②のほか、特別に課せられる規制として、忠実義務、善管注意義務、分別管理義務、運用権限の委託の規制などがあります。**

1 投資運用業とは

投資運用業とは、金商法に規定されている金融商品取引業等のうち、金融商品の価値等の分析に基づく投資判断に基づいて有価証券またはデリバティブ取引に係る権利に対する投資運用を業務の対象とする類型です。具体的には、①投資法人との契約に基づいて、投資法人の財産を運用すること（投資法人資産運用行為）（同法２条８項12号イ）、②投資一任契約（当事者の一方が、相手方から、金融商品の価値等の分析に基づく投資判断の全部または一部を一任されるとともに、当該投資判断に基づき、相手方のために、投資を行うのに必要な権限を委任される契約）に基づいて、顧客の資産を運用すること（投資一任運用行為）（同号ロ）、③投資信託の受益証券の保有者から拠出を受けた金銭等を運用すること（投資信託運用行為）（同項14号）、④集団投資スキーム持分の保有者から拠出を受けた金銭等を自己運用すること、信託の受益権の保有者から拠出を受けた金銭等を自己運用すること（ファンド自己運用行為）（同項15号）の四つの類型があげられています。投資運用業は、有価証券またはデリバティブ取引に係る権利に対する投資運用に限定されますので（ただし、投資信託および投資法人では、不動産等による運用が①③に該当するとみなされます（投信法223条の3第2項・3項））、事業型集団投資スキームの運用は、投資運用業にはなりません（Q35参照）。

2　投資運用業の参入規制

投資運用業の登録要件は、①経営者や運用担当者などについて、投資運用業を適格に遂行するに足りる人的構成を有していること、②5000万円の資本金・純資産を備えていること、③取締役会および監査役、監査等委員会または指名委員会等を置く株式会社であるか、同種類の外国法人であること、④過去に登録を取り消されたり、一定の法令に違反し罰金刑に処せられてから5年を経過していること、⑤役員や主要株主が欠格事由に該当しないことです。ただし、適格投資家のみに向けて小規模な運用業を行う場合には、登録要件が緩和され、②については、1000万円と金額が小さくなり、③についても取締役会の設置は要件とされていません。

なお、投資運用業については、自主規制団体として、一般社団法人日本投資顧問業協会と一般社団法人投資信託協会が存在しています。

3　投資運用業の行為規制

(1)　忠実義務・善管注意義務

投資運用業の規制については、金融商品取引業一般に適用される行為規制のほか、特別な行為規制があります。まず、投資運用業者は、他者の財産を運用することから、忠実義務・善管注意義務を負います（金商法42条）。

近時、忠実義務・善管注意義務違反とされた行政処分例としては、不動産投資法人の運用会社における不透明な不動産鑑定評価が問題とされた事例や、投資一任契約の運用に組み入れる投資資産の調査が不十分であったことが問題とされた事例があります。

投資運用業の忠実義務・善管注意義務を具体化した規定として、金商法42条の２において、投資運用業に共通する禁止行為を定めています。すなわち、①自己取引および運用資産間取引の禁止（同条１号・２号）、②スキャルピング（取引に基づく価格変動などを利用して、運用業者などの利益を図る目的で、正当な根拠を有しない取引を行うこと）の禁止（同条３号）、③通常の取引の条件と異なる取引の禁止（同条４号）、④運用情報を利用した自己の計算による取引の禁止（同条５号）、⑤損失補塡の禁止（同条６号）などです。また、投資運用業者は、権利者に対して、年２回以上、内閣府令に定めるところにより、運用報告書を作成して、交付する形で、運用成績を報告する義務を負っています（同法42条の７）。

⑵　分別管理業務

投資運用業には、運用財産を運用業者の固有の財産および他の運用財産から分別して管理する分別管理義務が課せられています（金商法42条の４）。具体的には、運用財産が金銭であるときは、有価証券等管理業務を行うほかの金融商品取引業者等への預託、預金取扱金融機関への預貯金、信託などにより管理し、運用資産が有価証券等であるときは、固有の有価証券等の保管場所と明確に区分するなどの方法で分別管理を行う必要があります（金商業等府令132条）。

⑶　運用権限の委託の規制

金融商品取引業者等は、原則として、自ら運用財産の運用を行わなければなりません。もっとも、法定の要件に基づいて、運用の全部または一部をほかの投資運用業者に委託することができます（金商法42条の３）。

⑷　その他

そのほかにも、投資運用業のうち、顧客との間で、投資一任契約を交わして、運用を行う場合には、①投資一任業務に関して顧客から有価証券などの預託を受け、または自己と密接な関係を有する一定の者に有価証券などを預託させてはならないこと（金商法42条の５）、②投資一任業務に関して、顧客に対して、有価証券などを貸し付けたり、仲介してはならないこと（同法42条の６）の行為規制も設けられています。

第７章
主な金融商品と勧誘規制等

Q32 株　式

証券会社で、株の取引をしています。担当者から、「信用取引をしませんか。少ない資金で大きな取引ができ、利益も大きくなりますよ」「外国株も取引してみませんか」と勧められました。少し話を聞いてみたのですが、よくわかりません。信用取引や外国株の取引は、普通の株の取引と何が違うのでしょうか。

▶▶▶ Point

① **信用取引や外国株の取引は、普通の株の取引（現物取引）とは、取引の仕組みやリスクが大きく異なります。**

② **裁判では、過当取引、適合性の原則違反、実質的一任売買、説明義務違反等の違法性が問題となります。**

1　株の取引の種類

株の取引には、現物取引（広義）と、先物取引があり、前者には、現金取引と信用取引があります。現金取引は、一般に、現物取引（狭義）（以下、単に「現物取引」といいます）と呼称されています。

現物取引は、自分のお金で株を買ったり、自分が持っている株を売ってお金に換える取引のことで、一般の顧客が株の取引をする場合は、現物取引が基本となります。

株の取引の方法には、証券会社を通じて、証券取引所に注文を出して売買を成立させる方法（取引所取引）と、証券取引所を通さずに、証券会社を売買の相手として取引を成立させる方法（店頭取引）があります。現物取引では、取引所取引・店頭取引の二つの取引方法がありますが、信用取引では、取引所取引のみが可能です。

証券取引所に上場（公開）し、取引所で売買ができる企業の株式のことを、上場株式・上場銘柄といい、証券取引所には上場（公開）していない企業の株式のことを、非上場株式・未公開株といいます。取引所取引において証券会社は問屋（商法551条）としてかかわり、取引所が定める受託契約準則に従って注文執行を行いますが、金商法は最良執行方針などを規定しています（同法40条の２）。上場株式では証券が発行されず、有価証券表示権利（金商法２条２項柱書）が取引され、株主等の権利の管理（発生、移転および消滅）は、株式会社証券保管振替機構および証券会社等に解説された口座で電子的に行われます（社債、株式等の振替に関する法律）。

非上場株式は、一般に価値の把握が困難であり換価も容易でないことから、証券会社による非上場株式の売買は、株式型クラウドファンディング（Q11参照）などによる場合を除き、日本証券業協会の自主規制により、原則として禁止されています。それにもかかわらず、無価値のものをあたかも価値のあるものとして販売されるなどの被害が生じていた（東京地裁平成19年11月30日判決・判時1999号142頁）ことから、金商法171条の２は、無登録業者が非上場株式（や社債）の売付け等を行った場合は、その売買契約を原則として無効としています（Q19参照）。

2 現物取引と信用取引の違い

(1) 手元資金・手持ちの株式以上の取引を行うことが可能か、そのリスク

現物取引の場合、顧客は、買付け時に、買付けを行う株式の購入代金全額の自己資金が必要ですし、売付け時には、売付けを行うすべての株式を持っていることが必要ですが、信用取引では、その必要はありません。

代わりに、顧客は、証券会社に、信用取引の担保となる保証金（お金またはお金の代用となる有価証券）を預け、証券会社から、取引に必要となるお金や株を貸してもらい、売買を行います。保証金の額は、法令で、売買する株式の時価の30％以上と定められています。たとえば、A社の株式（単価1000

円）１万株の取引をする場合を考えてみると、顧客は、証券会社に、売買するＡ社株式の時価1000万円の30％である300万円以上を保証金として預ければ、約3.3倍の1000万円分のＡ社株式の取引が可能となります。

ただ、取引後に、相場が予想と反対に動いて評価上の損失が大きくなったり、担保として預けてある有価証券の値下がりによって担保価値が低下することにより、保証金率が一定率を下回ると、定められた期日までに、最初に預けた保証金とは別に、追加で保証金（追証）を預けなければなりません。

このように、信用取引では、資金効率の向上や、保証金の額に比べて大きな金額の取引ができるため大きな利益が狙えるというメリットがある一方、相場が予想と反対に動いた場合には、大きな損失を被るリスクや追証が必要となるなどのリスクがあります。

⑵　売りから入ることが可能か、そのリスク

株の値上がり益を狙って、ある株を買ってその後に売るという取引（買建て）は、現物・信用取引ともに可能ですが、株が値下がりしているときに株を売ってその後に買い戻すという取引（売建て）は、信用取引にしかできません（自分がもともと持っていなかった株を売る取引をするので、「空売り」ともいわれます）。

このように、信用取引では、現物取引と異なり、相場の上昇局面だけでなく、下落局面でも利益を狙うことが可能です。ただ、売建では、予想に反して株価が上昇した場合、株価には上限がないので、理論上は、最大損失が無限大となり得ます。

⑶　信用取引の種類と取引の期限、そのリスク

信用取引には、制度信用取引と一般信用取引があります。

制度信用取引とは、取引条件が、取引所の規制により一律に定められている取引であり、一般信用取引とは、取引条件を証券会社と顧客が自由に決められる取引です。

制度信用取引では、証券会社から借りたお金の返済・株式の返却期限が、

最長6カ月と定められています。現物取引の場合、相場が予想と反対に動いた場合に、購入した株を塩漬けにして、相場の回復を待つことも可能ですが、制度信用取引の場合には、相場が予想と反対に動いた場合にも塩漬けにすることが許されず、期限までには必ず、損失覚悟で、取引を決済しなければなりません。

(4) そのほか、信用取引のコスト・リスク

このほか、信用取引では、金利や貸株料、品貸料（逆日歩）など、現物取引とは異なるコストや、空売り規制や保証金率の引上げ等の規制があります。

このように、信用取引は、現物取引に比べると、かなり仕組みが難しく、リスクも高い取引といえます。

3 外国株の取引と国内株の取引の違い

外国株は、外国籍の企業が発行している株式であり、現在、国内株ほどではありませんが、多数の銘柄を取引できるようになってきました。

このため、証券会社の担当者から、「成長性が高い企業であり、大きな利益が期待できる」「円安なので為替差益も狙える」等のメリットを強調されて、外国株の投資を勧められる機会も増えていると思われます。

しかし、外国株については、国内株と比較して、そもそもの情報量が少なく、顧客が外国株の情報を得る手段をもっていない場合や、当該外国の言語に通じておらず、情報を得る能力がない場合には、自己の判断で売買のタイミングを判断することが困難です。外国によっては、カントリーリスクが高い国もありますし、為替が円高に振れた場合には、株価自体の損失のみならず、為替差損も被るリスクがあります。

また、国内株であれば、国内市場の相場をみれば、売買のタイミングが判断できますが、外国株の場合には、外国株の相場をみるだけでなく、為替相場の動向もみながら、円転した場合の損益を見据えて、売買のタイミングを

はからなければなりません。これは、かなり難しい判断となります。

4　株式取引の勧誘の違法性

株式の取引の裁判で問題となることが多いのは、過当取引、適合性の原則違反、実質的一任売買、説明義務違反等の違法性です。

現物株式や外国株式の勧誘の違法性に言及した裁判例として、名古屋高裁令和4年2月24日判決・セレクト59巻48頁、京都地裁令和3年8月4日判決・セレクト59巻111頁、神戸地裁平成30年9月10日判決・セレクト56巻1頁、岡山地裁平成29年6月1日判決・セレクト53巻51頁等があります。また、信用取引は、複雑な仕組みやリスクの高さから、勧誘の違法性に言及した裁判例は多数に上ります（東京高裁平成29年10月25日判決・セレクト54巻20頁、東京地裁平成29年11月17日判決・セレクト54巻31頁、名古屋地裁令和3年1月20日判決・セレクト58巻1頁等）。

Q33　社　債

社債は原則として満期になれば元本が償還されると聞きますが、安全な商品だということでしょうか。社債を買うときに注意すべき点はありますか。

▶▶▶ Point

① **社債にも、信用リスク、価格変動リスク、為替リスク、早期償還リスク、流動性リスクなどのリスクがあります。元本が毀損することもあります。**

② **私募債では、発行会社の経営状況など投資判断に必要な情報について、金商法の情報開示の規制が及んでいないことに注意が必要です。**

1　社　債

社債（社債券）とは、会社が会社法に基づいて資金調達のために発行するもので、資金を会社に貸し付けた投資者が、会社から決められた利子の支払いを受け、償還期限（満期）に元本の償還を受けられる権利を証券化したものです。金商法２条１項５号で、有価証券の一つと定義されています。有価証券なので、償還期限に元本の償還を受ける以外に、償還期限を待たずに時価で売却することもできます。

なお、国が発行する国債（金商法２条１項１号）、地方自治体が発行する地方債（同項２号）のような公共債もあり、社債とあわせて公社債といいます。

上記のとおり、社債は、確かに償還期限に元本が償還されるものですが、あくまで投資であり、次のとおりリスクが伴うことに注意が必要です。

2　社債のリスク

(1)　信用リスク

社債を発行した会社が、経営状況が悪化して債務を支払えなくなり倒産してしまったら、社債といえども約束どおり元本を償還してもらうことはできません。このように、社債には、発行体の倒産等によって元本の償還が不可能になるリスク、つまり「信用リスク」があります。

したがって、社債を購入するときには、その発行会社の事業内容や経営状況を把握して、償還期限まで倒産する危険がないのかを判断する必要があります。公募債であれば、金商法で作成・交付が義務づけられている目論見書で、発行会社の経営状況を知ることができます。また、格付機関による格付け（元利金支払いの可能性についての評価を記号で示したもの）も参考になります。たとえば、ムーディーズでは格付 Baa 以上が投資適格、S&P では格付 BBB 以上が「投資適格」とされており、それより低いものは「投機的格付け」（ジャンク）とされています。なお、投資適格の格付がついているからといって安全というわけではもちろんありません。一般的には、信用度が高い（信用リスクが低い）社債ほど利回りは低くなり、信用度が低い（信用リスクが高い）社債ほど利回りは高くなります。利回りが高い社債は、その分ハイリスクであることに注意が必要です。

信用リスクが顕在化した有名な事例としてマイカル債に関する事件があります。小売業大手のマイカルが個人向け公募社債（総額900億円）を発行した翌年の2001年に倒産（民事再生申立て）し、これにより多数の個人投資家が損害を被りました。このような投資家らがマイカル債を販売した証券会社に対して起こした損害賠償請求訴訟においては、証券会社は、経営の悪化や破綻が疑われる場合にこのような具体的信用リスクについて説明義務を負う場合があるとされています（大阪高裁平成20年11月20日判決・判時2041号50頁、東京高裁平成21年４月16日判決・判時2078号25頁）。

⑵ 価格変動リスク

社債は転売することもできますが、経済状況、金利動向、（外貨建てであれば）為替相場や、格付けの変化などさまざまな相場変動要因によって価格が変動します。したがって、購入時よりも低い価格でしか転売できない場合もあります。

⑶ 為替リスク

償還金額や利子が外貨で支払われる外貨建ての社債の場合には、為替相場の変動により、円での受取金額が変動します。円換算の償還金額が、購入時よりも安くなってしまう場合もあります。

⑷ 早期償還リスク

社債の発行条件によっては償還期限前に償還される場合もあります（繰上償還、中途償還）。その場合は、本来償還期限まで得られたはずの利子が受け取れないことになります。

⑸ 流動性リスク

社債は売りたいと思ったときにすぐに売れない可能性が高い（流動性リスクが高い）商品です。信用リスクが増大した時期には、売却自体ができないか、著しく不利な価格でしか売却できない可能性があります。

3 外国債券（外債）

発行場所、発行体、発行通貨のいずれかが外国のものである債券のことを外国債券（外債）といいます。

外債は、高い金利や、為替差益を得られるところがメリットとされます。しかし、外債特有のリスクとして、外貨で取引するため円換算時には為替変動の影響を受ける為替リスクがあり（為替差益も生じうるが、為替差損も生じうる）、発行体の属する国や地域の政治・経済・社会状況の変化に影響されるカントリーリスクがあります。

4　複雑な仕組みの社債（仕組債）

社債にデリバティブを組み込んだ「仕組債」と呼ばれる複雑な金融商品もあります。仕組債は、土台は社債でも、普通の社債とは全く別物と考えるべきハイリスク商品であり、注意が必要です（Q33参照）。

5　公募債と私募債

新規発行の社債について、多数の者（50名以上）を相手方として広く取得の申込みの勧誘を行うことを原則として「募集」といい、この債券を公募債といいます。これに対して、適格機関投資家（プロ）だけ、または49名以下の少人数を相手方として取得勧誘を行うことを原則として「私募」といい、この債券を私募債といいます（金商法2条3項1号・2号、金商法施行令1条の5）。

公募債では、発行会社は、金商法の定めにより、投資判断に必要な情報を、有価証券届出書や有価証券報告書に記載して公にし、目論見書に記載し相手方に交付しなければなりません。

他方、私募債ではそのような法規制が及びません。これは、取得勧誘の相手方がプロや少人数に限定されているため、投資判断に必要な情報は自分で直接発行会社から入手できるだろうと考えられたためです。しかし、実際には、投資の知識経験の乏しい者に対し、不正確・不十分な情報しか伝えられないまま利回りのよさばかりが強調されて私募債が販売されているケースがあります。発行会社の事業や経営状況などに関する正確で十分な情報を入手したうえで、それを吟味して、慎重に投資判断をする必要があります。

Q34 投資信託

預金取引のため銀行に出かけたら、窓口で投資信託の購入を勧められました。投資信託の仕組みやリスクは、どのようなものですか。また、投資信託には、どのような規制がされていますか。

▶▶▶ Point

①　投資信託は顧客から資金を集めて専門家が運用し、運用成果を各顧客に分配する仕組みで、投資対象が何かによってその種類やリスクの程度はさまざまです。

②　証券会社をはじめとする金融商品取引業者については、金商法が適用され、同法に基づく販売勧誘規制が課されます。

③　銀行等の登録金融機関でも証券会社と同様の販売勧誘規制がとられています。銀行等では、預金等との誤認を防止する措置をとることが求められています。

1 投資信託

⑴ 投資信託の種類

投資信託は、信託の受益証券を販売する形で多数の顧客から資金を集め、それをまとめて専門家が運用して、運用の結果を各顧客に渡す金融商品です。投資信託には、広義の意味では、契約型投資信託と投資法人（会社型投資信託）の両方が含まれますが、投信法が規定する投資信託は契約型投資信託を意味します（狭義の意味の投資信託）（〔図表10〕参照）。また、契約型投資信託は、さらに、委託者指図型（投資信託委託会社が運用指図を出す種類）と、委託者非指図型（投資信託委託会社が運用指図を出さない種類）がありますが、多くの投資信託は委託者指図型の投資信託です。

委託者指図型については、投資対象が有価証券か否かという分類もありますが、多くの投資信託は、有価証券を投資対象としています。したがって、広告等で日常的に目にするような投資信託は、契約型投資信託で、かつ、委託者指図型の証券投資信託であることが大半です。

〔図表10〕 投資信託の分類

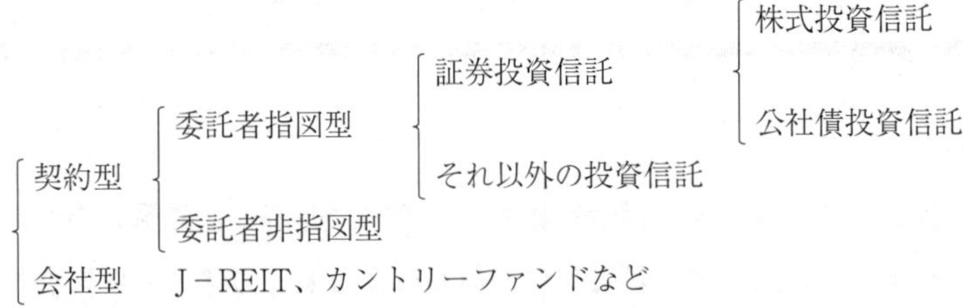

また、投資信託の主要商品としては、①アクティブ運用ファンド、②インデックス・ファンド、③不動産投資信託（REIT）、④上場投資信託（ETF）などがあります。そして、投資信託のリスクについては、価格変動リスク、為替変動リスク等、商品ごとにどのようなリスクがあるのか交付目論見書に記載されています。また、株式会社格付投資情報センター（R&I）の公表するRC（リスク・クラス）や、モーニングスター株式会社の公表する「リスクメジャー」などで、それぞれ5段階の分類結果が公表されています。

⑵ 商品特性によるリスクとコスト

投資信託は入れ物にすぎず、何にどのように投資するかによりリスクの種類や程度はさまざまです。たとえば、株式投資信託も、どのような株式をどの程度組み入れるかによってリスクの程度は千差万別で、投資信託のリスク判断には投資対象が何であるかが重要となります。

また、投資信託のコストとして、販売時の手数料、毎年運用資産から差し引かれる信託報酬、解約の際に減額される信託財産留保額の3種類があります。これらのそれぞれのコストについては、目論見書に記載されています。

2　募集・売出しに関する規制

投資信託については、通常の有価証券と同様に金商法における開示規制が適用されます。まず、発行開示規制として、募集または売出しは内閣総理大臣に有価証券届出書の提出をしているものでなければできず（金商法４条１項）、この届出の効力が発生してからでないと取得させあるいは売り付けることができません（金商法15条１項）。また、この有価証券届出書は、公衆縦覧による間接開示が必要とされています（同法25条）。そのほか、投資者に対して、目論見書をあらかじめまたは募集等と同時に交付しなければならないとする直接開示も必要とされます（同法13条１項・15条２項）。

次に、継続開示規制として、発行者は計算期間ごとに有価証券報告書等を提出しなければなならないほか、運用会社は、計算期間の末日ごとに運用報告書を作成し、そのうち特に重要な事項について記載した交付運用報告書を、知れている受益者に交付しなければならないとされています（投信法14条・54条）。投資法人についても、決算期ごとの計算書類やその附属書類の作成や会計監査人による監査の義務づけが定められています（同法129条）。

3　投資信託の販売金融機関

⑴　金融商品取引業者

証券会社をはじめとする金融商品取引業者については、金商法の行為規制（適合性の原則、説明義務、不当勧誘行為の禁止等）が適用されます。

投資信託に固有の規制としては、乗換え勧誘（現に保有している投資信託の解約等を伴う別の投資信託の取得を勧誘する行為等）に関する規制があります。当該乗換えに関する重要な事項について説明を行っていない状況が投資者の保護に支障を生ずるおそれがあるものとして定めています（金商法40条２号・金商業等府令123条１項９号）。また、投資信託協会の「受益証券等の乗換え勧誘時の説明義務に関するガイドライン」（2022年１月13日改正）、日本証券業協会の「投資信託等の乗換え勧誘時の説明義務に関するガイドライン（2021年11月15日改訂）でも、説明すべき重要な事項等についての考え方を示しています。

(2) 登録金融機関（特に銀行の金融機関）

(A) 証券会社と同様の販売勧誘規制が適用される

金商法では、銀行等の金融機関が証券業務を行うことを原則として禁止しています（銀証分離規制。金商法33条１項）。ただし、銀行等の金融機関も、登録を受けて登録金融機関となることで、さまざまな有価証券関連業を行うことができるとしています（同条２項・33条の２）。登録金融機関も金商法の「金融商品取引業者等」に含まれるため、金商法の販売勧誘規制については、証券会社などと同じ規制が適用されます。

(B) 預金と非預金商品との誤認防止の説明義務

銀行等では、預金等の元本保証の金融商品を扱ってきており、それとは全く性質の異なる金融商品を販売することは消費者にとって誤認、混同を招きやすいといえます。そこで、銀行等に対しては、預金等の商品とリスクのある商品の区別を明確にするため、誤認防止のための説明義務等が定められています（銀行法12条の２）。この説明の対象は、預金等でないこと、預金保険の対象でないこと、元本保証がないこと、契約の主体その他預金等との誤認防止に関し参考となる事項です（銀行法施行規則13条の５第２項各号）。

この説明は、顧客に適合した説明であることが必要であるとされ、たとえば、この種の取引に経験がない等の理由で誤認混同が生じるおそれがある場合には、そのおそれがなくなるまで説明すべきです。さらに、非預金商品の取扱窓口についても、営業所の特定の窓口において取り扱うとともに、特定の事項（銀行法施行規則13条の５第２項１号～３号）を顧客の目につきやすいように当該窓口に掲示しなければならないとされています（同条３項）。ただ、ここでの「特定の窓口」とは小規模店舗等の現実も考慮して、専用の窓口を設けることまでは求めない趣旨と考えられています。

Q35 ファンド（集団投資スキーム）

出資すれば、ファンドの資金運用により利益が得られるとの勧誘を受け、ファンドの持分を購入しました。このようなファンド持分の購入契約にはどのような規制の枠組みがありますか。ベンチャー企業の未公開株に投資して資金運用するファンド（投資型ファンド）とラーメン店などの事業に投資するファンド（事業型ファンド）とで、規制が違うのでしょうか。

▶▶▶ Point

① ファンド（集団投資スキーム）とは、投資家からの拠出金をまとめて特定の主体が運用する仕組みです。

② ファンドには、投資型ファンドと事業型ファンドがあります。

③ 投資型ファンドには金商法の販売勧誘規制と運用規制が、事業型ファンドには金商法の販売勧誘規制と運用に関連する第二種金融商品取引業協会の自主規制が及びます。

1 集団投資スキームとは

投資家からお金を集め、その集めたお金を何かに投資し、収益を分配するような仕組みや商品を広くファンドということがあり、広い意味では投資信託なども含みますが、金商法上、集団投資スキームと呼ばれるものを指すことがあります。設問では、この集団投資スキーム（ファンド）に関する勧誘規制について説明します。

集団投資スキームは、投資家からの拠出金を特定の主体が運用する仕組みの商品（取引）です。

金商法２条２項５号は、①組合契約・匿名組合契約・投資事業有限責任組

合契約有限責任事業組合契約に基づく権利、社団法人の社員権その他の権利のうち、②出資者が出資または拠出した金銭等（金銭、有価証券、手形、または金銭の全部をあてて取得した競走用馬、暗号資産。金商法施行令１条の３、定義府令５条）をあてて行う事業から生じる収益の配当または財産の分配を受ける権利で、③除外事由に該当しないものを、広く集団投資スキームと定義づけています。

有価証券でないものを有価証券とみなす（株式などの「１項有価証券」と対比して、「２項有価証券」と呼ぶことがあります）ことで有価証券と同様の規制を及ぼそうとする手法は証取法と同様ですが、金商法では、「出資者が配当を受ける権利」と抽象的に定義し、包括的な形で有価証券とみなすこととしています。同法２条２項５号で、組合契約、匿名組合契約等を掲げているのは、集団投資スキームの主要な法形式を例示しているにすぎず、「その他の権利」は、これら例示と類するものに限定されるわけではありません。したがって、資金を拠出させ、それで事業を行ってその事業から生じる収益の配当または財産の分配を行う形式は、除外事由を除いて、広くこの定義に該当することとなります。

この集団投資スキーム持分の取得勧誘行為を行う場合、いわゆる自己募集（私募）であっても、（いわゆる適格機関投資家等特例業務の例外にあたらなければ）第二種金融商品取引業者としての登録が必要とされています。また、出資された財産の運用を行う者のうち、金融商品の価値、オプションの対価の額または金融指標の動向の分析に基づく投資判断に基づいて、主として有価証券またはデリバティブ取引に係る権利に対する投資として運用するものについては、投資運用業の登録が必要です。

したがって、金融庁のウェブサイト「免許許可登録等を受けている業者一覧」などで、まずは当該会社が登録を受けている会社か確認することが重要といえます。

なお、集団投資スキーム（金商法２条２項５号）と異なり、合同会社が自らの会社の社員権（同項3号）を自己募集（私募）するケースについては、従前、金商法の登録が不要と解される余地がありました。しかし近年、事業実態が不透明な合同会社が、従業員等を通じて、多数の投資家に対し、不適切な投資勧誘を行うという被害（社員権商法）が多発し、証券取引等監視委員会により金融商品取引業の登録が必要な範囲を拡大することなどを求める建議がなされました。そこで2022年10月3日施行の内閣府令（金融商品取引法第2条に規定する定義に関する内閣府令）改正により、業務執行社員以外の従業員等が出資勧誘を業として行う場合は登録が必要とされました。

2　投資型ファンドと事業型ファンド

(1)　投資型ファンド

ファンドのうち「主として有価証券又はデリバティブ取引への投資」を行うもの（金商法2条8項15号）を、一般的に投資型ファンドと呼んでいます。

投資型ファンドは従前の証取法でもみなし有価証券とされていましたが、金商法は、ファンドを組成した事業者自身の自己募集を第二種金融商品取引業の規制対象としたため、投資型ファンドにはこの点に関する規制が追加されました。これにより未公開株投資目的の組合が自己の持分を販売しようとする場合は、第二種金融商品取引業者としての登録を要することとなり、無登録営業の場合は犯罪となります（金商法197条の2第10号の4。5年以下の懲役〔2025年6月1日から拘禁刑〕もしくは500万円以下の罰金または併科）。また登録することにより行政の監督に服することとなるから、登録業者に違反があれば行政処分を求めていくことになります。

(2)　事業型ファンド

ファンドのうち「主として有価証券又はデリバティブ取引への投資」以外の投資を行うものを、一般的に事業型ファンドと呼んでいます。事業型ファンドは金商法により初めて集団投資スキームとして規制対象とされました。

事業型ファンドについても、自己募集、権利を取得しての販売、仲介を行うことは、第二種金融商品取引業にあたるので登録を要し、無登録営業は刑罰の対象となります。登録により行政の監督に服し、違反があれば行政処分の対象となります。

3　参入規制

金商法では、ファンド持分の販売・勧誘（自己募集（募集・売出し・私募・私売出しその他の取引勧誘）を含む）と、集団投資スキームによる有価証券またはデリバティブ取引に対する投資運用の二つの業務が規制対象となりますので、これら業務を行う場合、原則として登録を要します。

ただし、適格機関投資家（プロ投資家）のみを相手に行う集団投資スキームの私募の自己募集業務および投資運用業は、適格機関投資家等特例業務（プロ向けファンド。コラム⑩参照）として、金商法63条２項の届出を行えば足り、登録は要しません。

4　勧誘規制

⑴　金融商品取引業者等に課される勧誘規制

金融商品取引業者等に課される勧誘規制としては、適合性の原則（Q23参照）、情報提供義務〔2025年５月28日までに施行〕（Q24参照）、説明義務（Q25参照）、虚偽告知の禁止・断定的判断の提供等の禁止（Q26参照）などがあります。これらについては該当箇所をご確認ください。

⑵　集団投資スキーム特有の勧誘規制

(A)　分別管理が確保されていない場合の売買等の禁止

金商法40条の３は、集団投資スキームについて、出資金等の分別管理が契約等で確保されているものでなければ、売買、売買の媒介・取次・代理、自己募集・自己私募・売出しやこれらの取扱いをしてはならないと定めています。これにより、実質的には、当該集団投資スキームについて、出資金等の分別管理をファンド販売業者に義務づけることとなっています。

分別管理は、事業者の定款や契約により、名義を分けた預金等の形とするなど、一定の基準を満たすことが義務づけられていることにより確保されていることが必要です（金商業等府令125条）。

⒝　金銭の流用が行われている場合の募集等の禁止

金商法40条の３の２は、集団投資スキームについて、これらの権利に関して出資または拠出された金銭が、当該金銭をあてて行われる事業にあてられていないことを知りながら、自己募集・自己私募・売出しやこれらの取り扱いをしてはならないと定めています。

この規定は、ファンド販売業者において、分別管理の規約自体は存在したものの、実際には分別管理をせず、資金を流用する問題事案が発生したことから、市場の信頼性を確保する目的で、2014年の改正で規定されたものです。金銭の流用が行われていることを知りながら取得勧誘行為をする行為は、虚偽告知の禁止等のその他の違法行為にも該当する可能性はありますが、悪質事業者への行為規制の強化等を目的とした規定と解されます。

⒞　出資対象事業の情報提供が確保されないソーシャルレンディングファンドの売買等・募集等の禁止

ソーシャルレンディング等のファンドについて、金融商品取引業者等に対し、出資対象事業の状況についての顧客への情報提供が契約等において確保されていない自己募集・自己私募・売出しやこれらの取扱いを行うことが禁止されます（金商法40条の３の３）（2023年改正法）。また、契約等において定められている出資対象事業の状況についての顧客への情報提供が行われていないことを知りながら自己募集・自己私募・売出しやこれらの取扱いを行うことが禁止されます（同法40条の３の４。コラム⑪参照）（2023年改正法）。

5　運用規制

投資型ファンドは、金融商品の価値等の分析に基づく投資判断に基づいて有価証券またはデリバティブ取引に係る権利に対する投資として、ファンド持分を有する者から出資または拠出を受けた金銭その他の財産の運用を行うので、投資運用業に該当し、金商法上の運用規制が適用されます（同法2条8項15号）。

投資運用業を行うには登録が必要で、その登録要件として株式会社であることや資本金・純資産額などの条件が課せられています。ファンド持分権利者に対して忠実義務を負い、自己取引による運用など禁止行為も定められています。また、運用財産と自己の固有財産およびほかの運用財産とを分別して管理しなければなりません。さらに定期の運用報告書の交付も義務づけられています（詳細はQ31参照）。

これに対して、事業型ファンドの運用は金商法の直接の規制対象となっていませんが、あわせてファンドの自己募集を行う場合には第二種金融商品取引業者としての登録を要し、自主規制団体への加入か自主規制団体規則に準ずる内容の規則整備が求められているため（金商法29条の4）、第二種金融商品取引業協会の「事業型ファンドの私募の取扱い等に関する規則」ないし同様の社内規則を遵守する必要があることになります。「事業型ファンドの私募の取扱い等に関する規則」では、事業型ファンドの私募の取扱いにあたり、顧客に対して、私募の取扱いを行う者と運営する側との利害関係の状況や、運営者側の財務状況、分別管理の方法等を、わかりやすく説明する義務が課せられています。

6　開示制度

ファンド持分をはじめとするみなし有価証券については、原則として開示制度の適用がありません。ただし、主として有価証券に対する投資を行うファンド持分（有価証券投資事業権利等）については例外的に開示制度の対象となっています（詳細はQ15・Q16参照）。

コラム⑩　プロ向けファンド

金商法では、自らファンドの販売を行う場合（私募）には第二種金融商品取引業の登録が、投資型ファンドの運用を行う場合には投資運用業の登録が必要です。他方、プロ向けファンド（適格機関投資家等特例業務）に該当する場合は、届出だけで自らファンドを販売したり、投資型ファンドの運用業務を行うことができます（同法63条）。

プロ向けファンドは、プロ投資家（適格機関投資家）および49名以下のそれ以外の者に対し、自らファンドを販売したり、投資型ファンドの運用を行うものです。

2009年９月に本格施行された金商法により設けられた制度で、プロ向けの制度であることから、厳格な投資者保護規制は必要ないとの考え方に基づき、緩やかな規制枠組みとされました。プロ向けファンドでは、金融商品取引業者の登録は不要で、届出で足りるとされ、また、行為規制も虚偽告知の禁止および損失補填の禁止のみが課され、行政処分の対象ともなっていませんでした。

ところが、プロ向けの制度であるにもかかわらず、49名以下の一般投資家（一般の個人の投資者を含む）への販売も可能とされていたことから、悪質事業者の悪用を招くことになり、多くの投資被害が生じました。

こうしたことから、投資被害を防ぐため、2015年の通常国会で、プロ向けファンドの規制を強化する金商法改正が行われ、2016年３月１日に施行されました。改正法でも、プロ向けファンドは届出だけで業務を行うことが可能ですが、次のとおり、規制が強化されました。

第１に、悪質事業者の参入を防ぐため、プロ向けファンドの届出に際しては、欠格事由が定められています（金商法63条７項）。

第２に、一般の個人へのプロ向けファンドの販売は認められません。ただし、投資性資産が１億円以上で１年以上の投資経験を有する富裕層個人への販売は認められます（金商法施行令17条の12第１項14号・金商業等府令233条の２第３項１号・62条２号イ～ト）。また、届出業者と密接に関連する者への販売が認められます（金商法施行令17条の12第１項６号、金商業等府令233条の２第１項）。

第３に、届出業者は、（販売が許される）一般投資家への勧誘に際して、適合性の原則、情報提供義務〔2025年５月28日までに施行〕、説明義務、虚偽説明の禁止、断定的判断の提供等の禁止、損失補填等の禁止等の規制を遵守する必要があります（金商法63条11項）。説明義務に関しては、「出資対象事業の基本的な商品性、リスクの内容、種類や変動要因、適格機関投資家等特例業務が本来適格機関投資家（いわゆるプロ）向けの制度であり、出資できる者が限定されていること」をわかりやすく説明する必要があります（監督指針Ⅸ－1－1⑴③イ）。

また、投資型ファンドの運用は、善管注意義務、忠実義務、分別管理義務、運用報告書交付等を遵守する必要があります（金商法63条11項）。

なお、特定投資家に対する販売には、適合性の原則、情報提供義務、説明義務等の適用はありませんが、虚偽説明の禁止、断定的判断の提供等の禁止、損失補填等の禁止等は遵守する必要があります。

第4に、現行法では、プロ向けファンドは行政処分の対象となります（金商法63条の5）。

改正前の制度は、プロ投資家により、ファンドの適正を判断することが期待されることから、一般の個人への販売を認めても差し支えないとの考えによっていました。しかし、多くの被害事例においては、実際は、プロ投資家のチェックは機能せず、かえって、実体を伴わないプロ投資家を仕立てるようなことも行われました。このような経験は、今後とも忘れられてはなりません。

法改正により、プロ向けファンドの制度は、プロ向けの制度として柔軟性を維持しつつ、投資家保護の枠組みが整えられることとなり、プロ向けファンドによる投資者被害は、その後大きく減っています。

Q36 仕組商品（仕組債）

証券会社の担当者から「利率が高くて有利ですよ」と勧められ、株価の変動によって満期時の償還金額や利率が変動するという債券を購入しました。しかし、満期までに株価が決められた水準以下になったために大きな損失を被りました。証券会社の責任を問えるでしょうか。

▶▶▶ Point

① **仕組債は債券にデリバティブを組み合わせた金融商品です。**

② **その構造は非常に複雑でリスクが高く、理解困難なものが多くあります。**

③ **証券会社の責任の有無を判断するためには、当該商品の仕組みやリスクが担当者によって説明されていたか、当該商品が顧客の知識や資産状況等に照らし相応しいものであったかなどを慎重に検討する必要があります。**

1 仕組商品

仕組商品とは、通常の貸出し、預金、債券に、スワップ取引やオプション取引といったデリバティブ（金融派生商品）を組み合わせてつくられた商品です。その中でも、債券とデリバティブを組み合わせた商品を仕組債と呼びますが、そのほか、デリバティブを預金に組み込んだものを仕組預金といい、デリバティブの一種であるノックイン・ノックアウト型オプション取引を社債に組み込んだ仕組債に投資する投資信託をノックイン型投資信託といいます。

設問中のEB債は仕組債の一つで、償還日までの対象株式の株価変動によっては、満期日に金銭（償還金）が支払われる代わりに、当該債券の発行者とは異なる会社の株式が交付される場合があるという性質をもっています。仕組債にはほかにも日経平均リンク債、株価指数連動（リンク）債、株価連動（リンク）債、DC債などさまざまなものがあります。仕組債の多くの場合、日本国内の証券会社（アレンジャー）が投資家のニーズを把握して仕組債を組成し、海外の金融機関など（発行者）が発行体となり、証券会社等（販売者）が顧客に販売するという構造をとります。

2　仕組債の特徴・問題点

仕組債は、①金利、②元本、③償還時期の三つの要素のうち、一つ以上（二つあるいは三つの場合もあります）にデリバティブを組み込んでいるという特徴があります。それにより、金利、償還時期、そして償還金について投資家の需要に応じて比較的自由に設定できるメリットがあるとされています。そして、「高い利回りがあり低金利時代において有利な商品である」といった説明がなされて、一般の消費者などにも販売されています。

しかし、仕組債には、発行者の倒産のリスク（信用リスク）、中途売却する場合の価格変動リスク、外貨建て商品の場合の為替変動リスクなどのほかに、特有のリスクとして、あらかじめ定められた参照指標（株価、株価指数、金利、為替、商品価格等）の変動により、受け取る金利が減少したり償還金に差損が生じたり、元本が金銭でなく株式で償還され損失を被ったりするリスクがあります。そして金利や償還金等の変動の仕組みの中にスワップ取引やオプション取引といった複雑な構造の取引が組み込まれているため、商品全体のリスクの理解が非常に困難な面があります。そのため、損失率の裾野が広く、リスクが相応に高いにもかかわらず、安定して高めの利子が得られる債券と誤認されているとも指摘されています。また、仕組債においては、顧客が負担する「販売段階のコスト」と「組成段階のコスト」が大きいにもかかわらず、特に後者についてコストの開示が十分でなく、さらに他の運用商品との比較が可能になるようなわかりやすく丁寧な情報提供がなされていないとか、提案すべき顧客層が極めて限られるにもかかわらず、こうした顧客に絞って販売する態勢が構築されていないなど、顧客の真のニーズに沿った販売が行われていない可能性があるともいわれています。

EB債についても、相対的に高額な金利が設定される一方で、通常の債券と異なり、当初予定の満期時に元本で償還される可能性は必ずしも高くありません。対象株式の価格が一定価格を下回ると、金銭（償還金）が支払われるのではなく、債券の発行者とは異なる別会社の株式が交付され、交付された株式の時価によっては、実質的な償還金額がEB債への投資元本を下回り（元本割れ）、損失が生じるおそれがあります。また、交付された株式の時価がさらに下がることにより、損失が拡大するおそれもあります。そのため、「商品性が極めて複雑で、理解することが困難である上に、実際にはリスクに見合うリターンが得られないことが多い商品と考えられる」「中長期的な資産形成を目指す一般的な顧客ニーズに即した商品としてはふさわしいものとは考えにくい」などと指摘されています（金融庁「投資信託等の販売会社による顧客本位の業務運営のモニタリング結果について」（2022年6月30日））。

このような仕組債に関するさまざまな問題を受けて、仕組債を販売する地方銀行の割合が2022年3月の8割弱から同年11月には3割強にまで急減しています（金融庁調べ）。

3　仕組債の規制

このような仕組債の特性を原因として一般消費者が多額の損失を受ける事例が数多く発生し、証券会社による勧誘・販売について違法性を指摘して損害賠償を認めた判例が積み重ねられたことなどから、2010年4月に金融庁は監督指針を改正し、仕組債については業界の自主規制等により「店頭デリバティブ取引に類する複雑な仕組商品」に対して適合性の原則等に基づく勧誘の適正化および最悪のシナリオを想定した損失の説明などの徹底が図れているかを監督する旨の方針を示しました。

また、金融庁の金融審議会市場制度ワーキング・グループ顧客本位タスクフォースが2022年12月9日に発表した中間報告では、仕組債について、「顧客にとって重要な情報である販売会社への提供価格と時価・公正価格との差額、いわゆる組成コストを情報提供している販売会社は一部に留まって」いるとして、顧客に対する情報提供を十分に行うように提言されていました。それを受けて日本証券業協会では、複雑な仕組債等の販売勧誘に関し「協会員の投資勧誘、顧客管理等に関する規則」等を2023年4月に改正して、顧客属性や金融資産の状況、投資目的、投資経験、リスク許容度等を勘案して、販売対象顧客の有無および範囲を検証する必要があること、販売に適合しないことが明らかな顧客への販売が広がらないよう十分に留意する必要があること、適合性の有無の確認は少なくともコンプライアンス部門が関与する必要があること、組成コスト等の開示方法などを加え、同年7月から適用しています。

4 仕組債事件のADRでの解決状況

(1) 証券・金融商品あっせん相談センター（FINMAC）

2022年に金融庁の厳しい姿勢が打ち出され、仕組債に問題があることの報道が頻出するようになって、FINMACに仕組債に関するあっせん申立てが急増しました。2023年1月～9月に終結したあっせん申立事件152件のうち104件が仕組債の事件で、特に後半になるに従って仕組債一色となっています。その内容をみると、半数以上は1000万円を超える損失であり、2000万円、3000万円という損害額も珍しくありません。このうち約8割の82件で和解が成立しており、和解額は、特殊な事例を除き、被害額の数%～20%です。和解が成立しなかった22件は、ノミナルな和解案が提示されて申立人が拒絶したもの、証券会社が和解しない姿勢を明確にしたもの、双方の乖離が大きくあっせんが断念されたものに分けられます。

⑵　全国銀行協会あっせん委員会（全銀協ADR）

銀行が関与したものについては、全銀協ADRの利用もできます。年間数件の取扱いがありますが、損失額や解決金額が公表されていないため、解決水準は不明です。FINMACと比較して高いという情報はありません。銀行が仲介者として関与したケースと証券会社を紹介したケースがあり、いずれの場合も販売した証券会社は手続の当事者とはなっていません。

⑶　仕組債被害救済におけるADRの位置づけ

これらのADR手続は本人のみで行うことができます。弁護士が申立代理人として関与しても、本人の出席が求められます。訴訟と比較すると、費用の負担が少なく期間が短いことが長所です。難点は、解決しない場合があること、解決水準が低いことです。ケースによっては紛争解決手続にたどり着けないこともあります。

そのため、ADRで解決できなかった事例だけでなくADRを経ていない事例も、解決の委任を受ける弁護士としては、最初から訴訟を選択することが多くなります。

5　仕組債に関する裁判例

仕組債に関し顧客が勝訴した裁判例は多く、そのほとんどが証券会社の説明義務違反か適合性の原則違反、あるいはその両方を認めています。

説明義務違反を認めた判例としては、大阪地裁平成15年11月4日判決・判時1844号97頁〔株価連動債・EB債〕、大阪地裁平成16年5月28日判決・セレクト24巻163頁〔日経平均リンク債〕、東京高裁平成23年10月19日判決・セレクト41巻50頁〔株価連動債〕、大阪高裁平成24年5月22日判決・セレクト42巻177頁〔株価連動債〕、大阪高裁平成27年12月10日判決・セレクト50巻35頁〔EB債〕、名古屋地裁平成29年9月15日判決・セレクト54巻79頁〔為替連動債〕などがあり、投資判断の難しい商品で、損失発生の危険性も相当に高いなどとして、証券会社従業員が十分な説明を行っていないことから、損害賠償義務を認めています。

適合性の原則違反を認めた裁判例としては、大阪地裁平成18年3月24日判決・セレクト27巻303頁〔株価連動債・EB債〕、大阪高裁平成20年6月3日判決・セレクト35巻104頁〔株価連動債・日経平均ノックイン債〕、大阪地裁平成22年8月26日判決・判時2106号69頁〔仕組投資信託・ノックイン型投資信託〕、東京地裁平成28年6月17日判決・セレクト51巻53頁〔株価連動債〕、大阪地裁令和2年1月31日判決・セレクト57巻1頁〔日経平均連動（リンク）債〕、岐阜地裁令和4年3月25日判決・セレクト59巻244頁〔ノックイン型日経平均リンク債〕、東京地裁令和5年5月29日判決・セレクト60巻200頁〔EB債〕などがあり、リスクの高い商品への投資は顧客の知識・経験や投資意向に合致しないなどと判断しています。

ただし、これら顧客の勝訴判決においても、ほとんどの事例において2割から8割程度の過失相殺がなされている点には留意が必要です。

設問の事例で問題となっているEB債に関する最近の判例としては東京地裁令和4年3月31日判決・Westlawがあります。この事案は取引当時78歳だった顧客が額面金額約2400万円の外貨建て・期限前償還条項付き・デジタルクーポン型他社株償還可能債（ノックイン、複数株価参照型）を購入したところ、参照銘柄の一つ価格がノックイン基準価格以下となったため、償還として同株式等が交付されるなどし、約2000万円の損失を受けたというものです。上記判決は、証券会社従業員の行った説明では当該顧客が当該EB債の株価変動リスクや元本欠損リスクを理解することは困難であるなどとして、説明義務違反に基づく不法行為責任を認めました（過失相殺6割）。

6 結 論

設問の事例において、証券会社の担当者が勧誘するEB債に関する基本的な仕組みや信用リスク、株価変動リスク、元本欠損リスク、流動性リスクなどについて顧客の知識、経験等に照らし理解可能な程度に説明していなかったり、当該EB債の勧誘が顧客の知識、経験、投資意向に全く合致していなかったりした場合（あるいは収入・資産に照らし過大な額の取引をさせられた場合）などに、証券会社の責任を問える可能性があるといえます。

Q37　投資性の高い保険

地方で一人暮らしをしている高齢の母（75歳）は、投資などには、全く関心もありませんでしたが、長年利用している銀行の窓口で、保険の加入を勧められて、「銀行の人が勧めるのだから間違いない」と思い、加入したと言っていました。しかし、私が帰省したときに保険証券を見せてもらうと、外貨建ての保険で、定期預金500万円を解約して支払っていました。母に聞いても、どういう内容の保険か全く理解していないようです。このままにしていてもリスクはないのでしょうか。

▶▶▶ Point

①　投資性の高い保険契約は、「特定保険契約」と呼ばれ、特別勘定設置の保険契約（変額保険・年金）、解約返戻金変動型保険・年金、外貨建て保険・年金（外貨損害保険で保障型かつ事業者向けを除く）が規定されています（保険業法施行規則234条の２）。

②　特定保険契約は、受取保険金等が支払保険料を下回るおそれがあることから、金商法の勧誘が準用されます。

③　2018年度頃から、高齢者を中心に、全国の消費生活センター等に寄せられる外貨建て生命保険の相談が増加しています。

1　投資性の高い保険の種類と内容

⑴　特別勘定設置の保険契約（変額保険・年金）

変額保険や変額年金保険は、一時払いで払い込んだ保険料を、株式や債券等を投資対象とする特別勘定（ファンド）で運用し、運用成果に応じて将来受け取る保険金額や年金額、解約返戻金額が増減する年金保険です。

⑵　解約返戻金変動型保険・年金

市場価格調整（MVA：Market Value Adjustment）を利用した保険で、解約返戻金等の受取りの際に、市場金利に応じた運用資産の価格変動が解約返戻金額に反映される仕組みの保険です。市場金利の変動により解約返戻金が払込保険料の総額を下回る場合があります。

⑶　外貨建て保険

外貨建て保険とは、米ドルや豪ドルなどの外貨で保険料を払い込み、外貨で保険金や解約返戻金を受け取る仕組みの保険です。

運用実績や為替相場等の変動等により、損益が発生し、市場リスクを有する生命保険です。

これら⑴～⑶の保険は、投資性の高い保険として「特定保険」と規定されています。

2　保険商品に対する規制

保険商品全般については、次のような規制が定められています。

⑴　禁止行為

保険業法300条は、保険商品全般の販売について、虚偽説明の禁止および重要事項説明義務（同条1項1号）、告知妨害の禁止（同項2号・3号）、不当な乗換募集行為の禁止（同項4号）、特別利益の提供行為の禁止（同項5号）、契約内容の違法な比較行為の禁止（同項6号）、契約者配当・剰余金分配等についての断定的判断等の禁止（同項7号）、保険会社等のグループ会社等による特別の利益の提供行為の禁止（同項8号）、その他不当な圧力募集、他社の誹謗・中傷、特別利益の脱法行為などで内閣府令に規定される行為の禁止（同項9号、保険業法施行規則234条）を、保険会社等（保険会社等もしくは外国保険会社等、これらの役員（保険募集人である者を除く）、保険募集人または保険仲立人もしくはその役員もしくは使用人）に対する禁止行為として定めています。

⑵　情報提供義務・意向把握・確認義務

2014年改正の保険業法では、新たに情報提供義務と意向把握・確認義務が新設されました。

Ⓐ　情報提供義務

保険契約の内容、その他契約者等に参考となるべき情報を提供すべき義務（保険業法294条１項）であり、「契約概要」書面と「注意喚起情報」書面を用いた説明とその交付により行われます（保険業法施行規則227条の２）。保険会社２社以上の保険商品を扱う乗合代理店は、さらに、①保険商品を他の商品と比較する場合には、比較に係る事項、②顧客の意向を探りそれに合った保険商品を選んで提案する場合には、比較可能な同種の保険商品の概要、およびその提案の理由、③②以外の態様で保険商品を選んで提案する場合はその提案の理由を情報として提供する必要があります（同条３項４号）。

Ⓑ　意向把握・確認義務

顧客の意向を把握して、これに沿って保険契約を提案・説明し、顧客に契約内容が自分の意向に合っていることを確認する機会を与える義務を規定したものです（保険業法294条の２）。

⑶　保険業法に違反する募集行為の効果

募集行為の保険業法違反は、保険会社に対して、不法行為に基づく損害賠償請求を行う場合に（民法709条・715条）、不法行為上の違法を基礎づける重要な事実となり得ます。また、保険業法は保険会社の不法行為責任について特別の規定をおいており、使用者責任が適用されない生命保険代理店（銀行窓口販売を含む）による募集の場合も、保険会社に対し損害賠償請求を行うことができます（保険業法283条）。

⑷　クーリング・オフ等

生命保険契約は、クーリング・オフ事項が記載された書面の交付日と契約の申込日のいずれか遅い日から８日間（初日算入）、書面または電子メールなどの電磁的記録を発することにより、クーリング・オフをすることができます（保険業法309条）。ただし、営業・事業関連の保険契約、営業所等での申込み等の場合は、クーリング・オフができません（同条１項２号～６号、保険業法施行令45条）。もっとも、法令上クーリング・オフが認められない場合も、約款によりクーリング・オフが定められている場合もあります。

なお、クリーング・オフができない場合（保険業法施行令45条１号ないし４号に該当する場合）であっても、特定保険契約については、特定早期解約制度（保険業法施行規則11条３号の２）も規定されています。

クーリング・オフの場合には、払い込んだ保険料全額が返還されますが、特定早期解約制度では、契約者価額（払込保険料から販売（契約）手数料を控除した額を特別勘定で運用することによって増減した金額）から控除する金額を０円とし、および当該保険契約にかかる費用として保険料から控除した金額の全額が契約者価額に加算された額が返還されます。

3　特定保険契約（投資性保険）のリスクと規制

⑴　適合性の原則

保険のうち特定保険契約（たとえば、変額保険、変額年金保険、外貨建て保険のように、運用状況や為替変動により解約返戻金、満期保険金や年金原資が大きく変動するおそれのある契約）については、投資性が高いため、金商法の規定を準用しています。保険業法300条の２は、金商法40条１号を準用しているので、特定保険契約については適合性の原則が適用され、保険会社等は、顧客の知識、経験、財産の状況および特定保険契約を締結する目的に照らして不適当と認められる勧誘を行うことはできません。

⑵　説明義務

保険業法300条の２が準用する金商法37条の３第２項、金サ法４条により、保険会社は、顧客の知識、経験、財産の状況および特定保険契約等を締結する目的に照らして当該顧客に理解されるために必要な方法および程度による説明をするよう義務づけられています。

⑶　契約締結前の情報提供・契約締結時の情報提供

特定保険契約の勧誘・販売にあたっては、契約締結前の情報提供・契約締結時の情報提供が義務づけられています（金商法37条の３（ただし、１項２号・５号・３項を除く）・37条の４）。

⑷　禁止行為

保険業法300条の２が準用する金商法38条９号の禁止行為については、一般禁止事項（保険業法施行規則234条１項各号に定める行為）のほか、特定保険契約に関連した禁止事項が定められています（同規則234条の27第２号～４号）。

4　高齢者勧誘に関する規定

2001年以降、保険会社の販売網を拡大するために、銀行窓口における販売を段階的に解禁してきましたが、2007年12月22日から全面解禁されることとなり、銀行窓口において生命保険、損害保険のあらゆる商品が販売できるようになりました。

その一方で、国民生活センターの2020年２月20日付けの報道発表資料「外貨建て生命保険の相談が増加しています！」によれば、全国の消費生活センター等に寄せられる外貨建て生命保険の相談が増加しています。

2018年度の相談件数は538件と、2014年度に比べて３倍以上になっており、2019年度も増加ペースが続いています。また、70歳以上の割合が相談全体の約半数を占めており、平均契約購入金額は、1000万円前後を推移しています。

為替変動リスクや手数料の負担があることを理解していなかったり、生命保険であることを認識せずに契約しているケースや、「老後資金」「元本保証希望」などの消費者の意向と異なる勧誘・契約をされたといったケースが高齢者を中心にみられます。

高齢者への募集については、社内規則等で、高齢者の範囲を定め、高齢者や商品の特性を勘案した募集方法を定めることとされています（監督指針Ⅳ

-3-1-2(3)、一般社団法人生命保険協会「高齢者向けの生命保険サービスに関するガイドライン」(2023年6月2日))。社内規則の例として①募集時の親族等の同席、②複数の募集人による募集、③検討に必要な時間的余裕を確保するための複数回の募集機会、④募集を行った者以外の者による高齢者への電話等での確認、などがあげられています。

東京地裁令和2年11月6日判決・LEX/DB25587100は、契約勧誘時に81歳および82歳であり、契約締結後9カ月と11カ月がそれぞれ経過した時点(複数の契約あり)でアルツハイマー型認知症を発症するに至っていた女性に対する外貨建て低額個人年金保険に対する勧誘行為について、適合性の原則に著しく逸脱するものとして、実際に支出した額と実際に受領した額の差額全額について、過失相殺なしの損害賠償額を認めています。

この事案では、①～④の措置は、とられていませんでした。

コラム⑪　金融商品・事業者の調査

弁護士として事件処理をするにあたって、自分がよく知らなかった金融商品や、事業者の事案に当たることがあります。そのような場合、どのように調査をするでしょうか。次で、法律相談を受けた場合の一般的な調査方法をまとめてみます。

(1)　金融商品の調査

本書のQ24などのとおり、事業者は契約前に、契約に関する情報を顧客に必ず提供することが義務づけられています〔2025年5月28日までに施行〕。また、投資信託、保険、仕組債等の一部商品については、簡潔でわかりやすい情報提供を行うため、「重要情報シート」が交付されていることもあります。まずはこれらの情報を精査し、金融商品の仕組みやリスク、手数料や格付けなどについて確認することが必要です。

また、当該金融商品の一般的な仕組みやリスクを確認するうえでは、日本証券業協会や投資信託協会ウェブサイトのほか、一般的な書籍や、相手方証券会社のウェブサイトや出版している文献等を調査するのも有効です。相場情報等については、取引所やパンローリング社が提供しているソフトなども利用できます。

仕組債などのデリバティブが含まれる仕組商品などでは、提供された情報等を確認するだけでは、その商品が有する本当のリスクがわからないこともあります。その場合は、専門事業者に依頼して意見書を作成してもらったり、類似事案の裁判例のうち、特に投資家側の勝訴判決を確認したりすることも有用です。一般的な判例検索ソフトで検索することもできますが、全国証券問題研究会のウェブサイトで確認するのがよいでしょう。

そのほか、金融庁が毎年公表している「資産運用業高度化プログレスレポート」などの資料に、仕組債の仕組みや問題性等が指摘されていることがあり、有用な資料になることもありますので、ご参考にしてみてください。

⑵　相手方事業者の確認

本書のQ17などでも解説しているとおり、金商法では、事業者が一般投資家に勧誘する場合、内閣総理大臣への登録が義務づけられており、登録業者等か否かは、金融庁のウェブサイト「免許・許可・登録等を受けている業者一覧」で確認できます。登録業者だからといって安全性が保証されているわけではありませんが、登録制度という最低限のルールも守れない事業者の場合は問題が大きいことは間違いありませんので、最初にこの点の確認は必要です。相手方業者が金融庁の行政処分等を受けていないかは、一般的な検索サイトでも調べることができますが、各地方財務局のウェブサイトで調査することもできます。

また、相手方事業者のウェブサイトを確認し、業務・財務内容や、勧誘方針等を確認します。金サ法によって、金融商品を販売する事業者は勧誘方針をウェブサイト等に掲載する方法で公表することが義務づけられており相手方事業者がルールを守っているかどうかの確認をすることができます。

そのほか、相手方事業者の実在性を確認するには、国税庁の法人番号検索サイト、相談者が振り込んだ口座が凍結されているかを調べるには預金保険機構の「振り込め詐欺救済法に基づく公告」のウェブサイトを調べます。

さらに、相手方事業者について、相談者と同様の被害がほかに生じていないかどうかを調べる方法として、国民生活センターに対して、PIO-NET（全国消費生活情報ネットワークシステム）の情報を弁護士法23条の2に基づいて照会することも考えられます。

これらの方法を利用して、金融商品の内容や相手方事業者を調査し、相談者に適切なアドバイスができるよう、心掛けましょう。

Q38 個人が行うデリバティブ取引

個人に対してデリバティブ取引を販売勧誘する場合に、特に規制されていることを教えてください。

▶▶▶ Point

① **個人へのデリバティブ取引の勧誘は、不招請勧誘が禁止されます。**

② **適合性の原則違反や説明義務違反が問題となる場合があります。**

1　金商法等における勧誘規制

(1)　金商法等の概要

金商法では、「有価証券」と「デリバティブ取引」に関する業務について、業規制・行為規制が規定されています。デリバティブ取引を勧誘する場合には、行為規制の中の勧誘規制が重要です。

そして、個人に対するデリバティブ取引を勧誘する場合には、勧誘規制の中の不招請の勧誘禁止等（金商法38条4号～6号）、適合性の原則（同法40条1号）、説明義務（同法37条の3第2項、金サ法4条）が重要となります。

(2)　不招請の勧誘禁止等

金商法38条4号により、勧誘の要請をしていない顧客に対し、訪問し、または電話をかけて勧誘する行為は禁止されています（不招請勧誘の禁止）（Q22参照）。

不招請勧誘禁止の対象は、①顧客が個人であるか否かにかかわらない、「店頭」金融先物取引（金商法施行令16条の4第1項1号イ・ロ）、「店頭」金融オプション取引（同号ハ）、②個人顧客を相手方とする店頭デリバティブ取引（同項2号）となっています。

また、①②の取引および市場金融先物取引（金商法施行令16条の4第2項1

号イ・ロ)、市場金融オプション取引(同号ハ)について、勧誘に先立って、顧客に対し、その勧誘を受ける意思の有無を確認することをしないで勧誘する行為が禁止され(勧誘受諾意思不確認勧誘禁止。金商法38条5号)、勧誘を受けた顧客が契約を締結しない旨の意思や勧誘を引き続き受けることを希望しない旨の意思表示をしたにもかかわらず、当該勧誘を継続する行為が禁止されています(断られた後の再勧誘の禁止。同条6号)。

さらに、2013年の金商法改正を受けて、総合取引所で行われる商品関連市場デリバティブ取引が、勧誘受諾意思不確認勧誘の禁止、断られた後の再勧誘の禁止の規制対象に追加されました(金商法施行令16条の4第2項1号ニ)。

そして、2014年の施行にあわせ、個人顧客に対し商品デリバティブ取引の勧誘意思を確認する際、訪問しまたは電話をかけること(金融商業等府令117条1項8号の2イ)、勧誘目的を事前に明示しないで顧客を集めること(同号ロ)が禁止されました。これにより、総合取引所における商品先物取引については、事実上、不招請勧誘を禁止したのに近い規制となっています。

不招請勧誘禁止違反については、不法行為が認められて、損害の全部の賠償が認められた事例もあります(東京高裁平成27年10月21日判決・先裁集74号186頁)。

(3) 適合性の原則

金融商品取引業者等は、「金融商品取引行為について、顧客の知識、経験、財産の状況及び金融商品取引契約を締結する目的に照らして不適当と認められる勧誘を行つて投資者の保護に欠けることとなつており、又は欠けることとなるおそれがあること」のないように業務を行わなくてはなりません(金商法40条1号)。

つまり、顧客の意向と実情に合わない勧誘をして過大なリスクを負わせてはならず、これを適合性の原則といいます。

デリバティブ取引は、取引の約定の段階では元本に相当する資金の決済が行われないため、取引が外部からは把握しにくく、リスク要因と損益の関係が複雑なため、リスクの管理が難しい取引であり、その構造は一般の人には理解が容易でないと考えられます。また、判断のために必要な情報収集力や分析能力において、顧客と金融商品取引業者等との間に圧倒的な差があり、顧客がリスクヘッジや裁定取引を目的とすることは考えにくいため、デリバティブ取引の勧誘は、原則として適合性の原則が問題になるといえます。

⑷　説明義務

契約締結前に提供すべき情報に関し、特定投資家以外の顧客に対し、それらの事項について、「顧客の知識、経験、財産の状況及び金融商品取引契約を締結する目的に照らして当該顧客に理解されるために必要な方法及び程度による説明」が必要です（金商法37条の3第2項、金サ法4条）。

また、情報提供義務がない場合や情報提供以外〔2025年5月28日までに施行〕についても、民法に基づく説明義務が問題となります。

2　市場デリバティブ取引に関する裁判例

適合性の原則や説明義務に違反すると、民法の不法行為の一類型として損害賠償の根拠となります（適合性の原則については、最高裁平成17年7月14日判決・判時1909号30頁。説明義務については、金サ法4条・6条、民法415条・709条）。適合性の原則違反や説明義務違反に関する裁判例を次で紹介します。

⑴　京都地裁平成11年9月13日判決・セレクト14巻379頁

高齢の専業主婦で、退職金を原資にした証券取引によって財産の増殖を図ろうとした個人が（ただし、積極的な投資意欲をもっていた）、投資信託に損失が出たため、取引をやめようとしたところ、証券会社担当者から、損失を取り戻す方法として、日経225オプション取引を勧誘され、半年の間に1000万円を超える損失を計上しました。

裁判所は、「オプション取引は……難解且つ危険な取引であって、多くの個人投資家には適合しない取引」であり、証券会社は、「顧客の資産、取引経験、社会経験、知的能力等を総合的に勘案して、その顧客がオプション取引の仕組みと危険性を理解することを可能とする能力と取引経験及び社会経験を有していると認められる場合にのみ、これを勧誘すべきであって、そうでない場合には、これを勧誘してはならない注意義務を有している」ところ、本件の証券会社担当者は、「原告がオプション取引の仕組みや危険性について理解していないことを知りながら、あるいは容易にこれを知り得たのに、……取引を勧め、……原告がオプション取引の仕組みを理解していないことに乗じて、原告の損失に多大な損害を被らせたのであって、これを全体としてみると、社会に許容される範囲を逸脱した投資勧誘であった」として、適合性の原則違反による不法行為を認定しました。

ただし、原告の安易な姿勢が証券会社の不法行為を誘発したとして、賠償を命じた額は損失の３割にとどまりました。

⑵　東京地判平成26年５月15日判決・セレクト48巻205頁

金融商品取引について学習したことがなく、仕事上これに関与したこともない30代の男性が、勧誘されて日経平均オプションを行うようになり、1800万円を超える委託保証金を入金し、4000万円を超える損失が出ました。

裁判所は、適合性の原則について、「顧客の意向と実情に反して、明らかに過大な危険を伴う取引を積極的に勧誘するなど、適合性の原則から著しく逸脱した金融商品の勧誘をしてこれを行わせた時は、当該行為は顧客に対する不法行為になる」、「顧客の適合性を判断するにあたっては、取引類型における一般的抽象的なリスクのみを考慮するのではなく、具体的な商品特性を踏まえて、これとの相関関係において、顧客の投資経験、金融取引の知識、投資意向、財産状況等の諸要素を総合的に考慮するのが相当である」として、適合性の原則違反を認めました。また、説明義務については、証券会社は、日経平均オプション取引の仕組み、同取引におけるリスクが一通り記載された書面を交付していましたが、投資経験が浅く金融取引の知識がなく、小遣い稼ぎ目的で口座開設をした顧客を勧誘する以上、顧客の自己責任において適切な投資判断ができるよう、日経平均オプション取引の商品特性やリスク等を十分説明して、その理解をさせるべき義務を負っており、説明に際しては、取引の複雑な商品特性およびその極めて高いリスクに照らして、具体的な数値を用いて損益をシミュレーションするなどの方法をとるべき義務があるとし、本件において顧客に対する説明義務違反があるとして、適合性の原則違反および説明義務違反による不法行為を認めました。

Q39　事業者が行うデリバティブ取引

私は海外から材料を輸入して製品をつくって国内で販売する会社を経営しています。メインバンクから、輸入の際のドル高リスクに備えるため有用とのことで為替デリバティブ取引を勧められましたが、どれくらい役に立つのか、逆にリスクはないのか、不安です。

▶▶▶ Point

①　事業者が行うデリバティブは、為替ヘッジのための為替デリバティブ、金利ヘッジのための金利スワップが典型例といえます。

②　リスクや問題点は、当該事業者の商流に合っているのかどうか、合っているとしてもオーバーヘッジになっていないかなどの点があげられます。

1　事業者が行うデリバティブ取引

事業者が行うデリバティブは、典型的には、為替デリバティブと金利スワップがあげられます。

⑴　為替デリバティブ（通貨スワップ・通貨オプション）

事業者の中には、外貨建ての製品・材料等を購入したり、外貨建てで製品・材料を販売したりするため、為替変動によって業績に影響を受ける者があります。この為替変動による業績への影響を最小化するために、為替デリバティブによって為替リスクをヘッジします。たとえば、あらかじめ定めた為替レートで予め定めた将来の時点において異なる通貨を交換するものです。これを通貨スワップといいます。同じ効果を通貨オプションの売りと買いを組み合わせた形で実現する場合もあります。

⑵　金利スワップ

事業者の中には、資金調達（借入れ）をする際に支払う金利のリスクをヘッジしたい者があります。調達金利が変動金利の場合に、今後金利上昇リスクをヘッジしたいと考えることがあるでしょうし、逆に、調達金利が固定金利の場合に、今後金利が低下すると思えば変動金利に変更したいと考えることがあるでしょう。金利スワップは、将来の一定の期間、想定（名目）元本に対する変動金利と固定金利を各利払日に交換する取引です。これにより、変動金利払いを固定金利払いに変更したり、固定金利払いを変動金利払いに変更したりできるのです。

2　事業者が行うデリバティブ取引のリスクと問題点

デリバティブ取引は、通常の事業者にとってはなじみのない取引であることが多いため、金融機関は勧誘の際に、事業者が取引をすべきか否か判断できるように説明を尽くさないといけないことは当然です。しかし、説明が尽くされないために、事業者の理解が不十分なまま取引に入ってしまうことがあるという問題点があります。

このため、事業者の商流によって生み出される為替リスクや金利リスクに見合わないデリバティブの勧誘が行われているにもかかわらず、それを理解しないで取引に入ってしまうことがあり得ます。

また、事業者が抱えるリスクをヘッジする取引ではあっても、デリバティブ取引の量（金額）が過大であったり期間が長すぎたりするために、オーバーヘッジになって逆のリスクを生んでしまうことがあり得ます。さらに、事業内容の変化・変更により途中で元来抱えていたリスクが減少・消滅した場合に、デリバティブ取引を中途解約したいと思っても、中途解約のコストが嵩むために解約が事実上できないということもあるかもしれません。

3　事業者に対するデリバティブ取引の勧誘規制

金商法は金融商品取引業者等に行為規制を課していますが、これらはデリバティブ取引についても適用があります（金商法36条～40条の３）。

このうち、事業者が行うデリバティブ取引のリスク・問題点に鑑みて、行為規制のうち最も重要なのは説明義務（金商法38条９号、金商業等府令117条１項１号）といえるでしょう。とりわけ、デリバティブ取引による中小企業の被害が問題となった際、2010年４月16日に金融庁が監督指針を改正し、デリバティブ商品販売時に顧客に説明すべき内容の具体化や顧客ニーズに応じたデリバティブの有効性の確認等について追加規定した点は重要です（監督指針Ⅳ－３－３）。ここにすべてを記載することは紙数の制約上できませんが、通貨オプション取引・金利スワップ取引等を行う店頭デリバティブ取引業者の説明責任に係る留意事項の項目（抜粋）の概要は次のとおりです。

① 当該店頭デリバティブ取引の商品内容やリスクについて、具体的にわかりやすい形で解説した書面を交付する等の方法により、適切かつ十分な説明をすること（想定最大損失額・それがさらに拡大する可能性、顧客が許容できる損失額を超える可能性がある場合はどういう場合かの説明等）

② 中途解約および解約清算金について、具体的にわかりやすい形で解説した書面を交付する等の方法により、適切かつ十分な説明をすること（中途解約の可否。中途解約できる場合の解約清算金の内容等）

③ 提供する店頭デリバティブ取引がヘッジ目的の場合、当該取引について、継続的な業務運営を行ううえで有効なヘッジ手段として機能すること・同場面は契約終期まで継続すると見込まれること・今後の経営を見通すことがかえって困難にならないことを顧客が理解しているかを確認し、その確認結果を踏まえて、適切かつ十分な説明をすること

④ 顧客の要請があれば、顧客のポジションの時価情報や当該時点の解約清算金の額等を提供または通知するなど、顧客が決算処理や解約判断等

を行うために必要な情報を適時適切に提供すること

⑤　顧客の契約意思確認について、契約の内容・規模、顧客の業務内容・規模・経営管理態勢等に見合った意思決定プロセスに留意した意思確認を行うことができる態勢が整備されているか（例：取締役会等で意思決定されたうえでの契約か）を確認すること

勧誘を受けた際は、金融商品取引業者等が監督指針に従った説明義務を果たしているかどうか、確認することも有用でしょう。

4　事業者に対するデリバティブ取引勧誘の裁判例

金利スワップ取引の勧誘について説明義務違反を認めて損害賠償を命じた東京地裁平成21年３月31日判決・判時2060号102頁は、適切な記載のある分析表を交付せず、不十分なシミュレーション表、説明書を交付し勧誘したことが説明義務違反で不法行為になるとしています。

為替デリバティブ取引の勧誘については、時価評価の変動要因についての説明義務違反を理由に損害賠償を命じた東京地裁平成24年９月11日判決・判時2170号62頁など、説明義務違反による損害賠償を命じた裁判例は多数存在します。また、為替デリバティブ取引勧誘は金融ADRで解決されることも多く、その場合、個々の勧誘経過よりも、為替リスクがオーバーヘッジとなっているなどの客観的側面が重視される傾向があります。

他方で、金利スワップ取引について説明義務違反を否定した最高裁平成25年３月７日判決・集民243号51頁および最高裁平成25年３月26日判決・集民243号159頁も存在しますが、同判決については、あくまでも事例判決であり、説明義務の具体的な範囲を示すものではないといった指摘や、両判決においてはプレーン・バニラ・金利スワップ取引において重要な商品性、および固定金利部分の参照指標であるスワップレートの意義が見落とされているという評釈もあります（渡辺宏之「金利スワップ取引は単純か？――金利スワップ訴訟平成25年最高裁判決の再検討」早稲田法学90巻３号（2015年）79頁）。

5　設問の場合

設問の事例では、事業者に為替リスクは存在し、そのヘッジが有用である可能性はありますが、より詳細に、3で説明した監督指針に記されている内容を確認していくことが必要です。それによって、当該デリバティブ取引が、本当に有用であるかどうか判断できるだけの情報を得たうえで、取引に入るかどうか適切な判断をすることが欠かせないといえます。

コラム⑫　ソーシャルレンディング

ソーシャルレンディング（social lending）は、広い意味では、インターネット上でお金を借りたい人・企業と、お金を貸したい人・企業を結び付ける融資仲介サービスのことを指しますが、現在日本において広まりつつあるのは、「貸付型ファンド」といわれる仕組みです。これは、事業者が投資者からの出資金を原資として、主として金銭の貸付け（金銭消費貸借契約）を行うことを出資対象事業とするファンドになります（下図参照）。

したがって、この貸付型ファンドの募集・勧誘等を行う事業者は、金商法の規制対象となり第二種金融商品取引業の登録を、貸付けを行う事業者（貸主）は貸金業法の規制対象となり、貸金業の登録を受ける必要があります。

スキーム図の例（匿名組合型の場合）

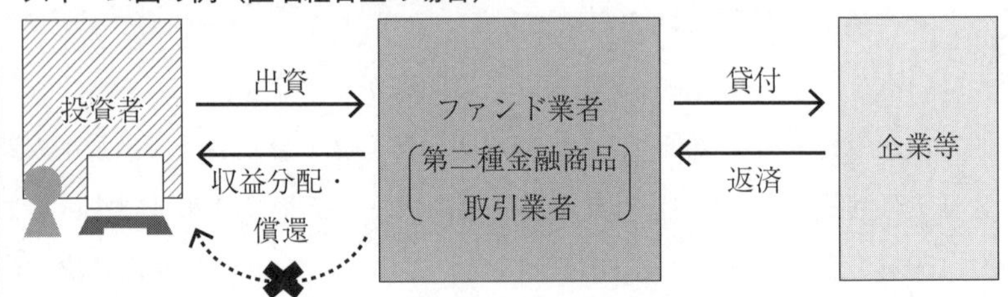

（2023年３月金融庁（金融商品取引法等の一部を改正する法律案説明資料）より引用）

この貸付型ファンドにおいては、投資家に対して借り手を特定できる情報を提供すると、当該投資家が貸金業を営んでいることにならないかという懸念から、借り手を具体的に開示せず（匿名化）、かつ、複数の借り手に融資するスキーム（複数化）による運営が行われていました。しかし、一部の販売業者が上記の点を悪用し、自らの関連会社へ貸付けをしたり、十分な審査をすることなく貸付けをしたりする事案が生じ、その結果、多数の投資家に被害を生じさせることになりました（東京地裁令和２年６月30日判決・金商1599号18頁等）。

この点、従前の金商法では、ソーシャルレンディングに関しては、主として有価証券に対する投資を行うファンドを運営する投資運用業者と異なり、忠実義務や善管注意義務などの規制が規定されていないなどの問題がありました。また、ソーシャルレンディングに関してはいわゆる電子募集取扱業務に該当しないことから、インターネット上で申込みが完結する電子申込型電子募集取扱業務について適用される各種規制（取扱有価証券に関する事前の適切な審査、当該審査結果の契約締結前交付書面への記載、投資判断を行ううえで重要な事項の明確な表示等。金商業等府令70条２項・79条２項３号・83条１項６号参照）の適用はないものとされていました。

しかし、貸付型ファンドにおいても投資家に十分な情報提供がなされることが必要であることは間違いなく、上記の匿名化・複数化の対応が悪質なファンドを誘発したとすれば、本末転倒といえます。

そこで、まず第二種金融商品取引業協会は、2018年１月１日施行の「事業型ファンドの私募の取り扱い等に関する規則」において、厳格な審査や投資家への十分な説明等を定め、さらに2019年５月23日、貸金業協会と共に「貸付型ファンドに関する Q&A」を取りまとめて、約款等においてファンド事業者が貸付条件を設定して借り手に提示し、借り手と投資家とが貸付けに関する接触をしないことを担保するなどの方策をとっていれば、投資家について貸金業登録が必要でないことを明示するなどしました。

また、2023年の金商法改正では、ソーシャルレンディングについて、次の改正を行い、規制を強化しました。

第１に、金融商品取引業の登録申請を行う際、登録申請書に、いわゆるソーシャルレンディングを行う場合（出資対象事業が主として金銭の貸付けを行う事業であるものなどを「貸付事業等権利」としました）には、その旨を記載することが義づけられました（金商法29条の２第１項10号〔2024年11月28日までに施行〕）。

第２に、投資家に対する出資対象事業の状況に係る情報の提供が確保されていない場合には、売買等を禁止するものとしました（金商法40条の３の３）。

第３に、金融商品取引業者等は、第２に係る情報が提供されていないことを知りながら、ファンドの募集等をしてはならないとしました（金商法40条の３の４〔2024年11月28日までに施行〕）。

なお、従前、電子募集取扱業務にのみ適用されていた特則（ウェブサイトを通じた情報提供義務）につき（改正前金商法43条の５）、電子募集業務も当該特則の対象とするよう改正しました（金商法43条の５）。

投資家としても、第二種金融商品事業者が提供するさまざまな情報を、十分に確認する必要があり、高い利回りなどの限られた情報のみで投資判断を行うことがないよう、注意が必要です。

第8章
その他の投資取引と規制

Q40　預託商法

パチスロ機を事業者にリースしているという事業者から、事業拡大のため機材を購入して預けてもらえば、リース代金から安定した高配当が得られるといった勧誘を受けました。なるほど堅実な話かなと思いましたが、大丈夫でしょうか。

▶▶▶ Point

① **預託商法には、預託法が適用されます。**

② **事業者から購入した商品を預託する取引（販売預託取引）は、原則禁止とされ、内閣総理大臣の確認を得た場合に限り例外として許されます。**

③ **事業者は、確認を得ないで広告や勧誘をすることは禁止されています。**

④ **確認を得ないまま締結した契約は、無効となります。**

1　預託商法

預託商法は、1980年代に豊田商事が金地金を訪問販売などで売り付け、預けてもらえば運用して賃借料を支払うという形式で、金地金を引き渡すことなく売買代金を支払わせたのが始まりです。実際には金地金はなかったことから、現物まがい商法ともいわれました。その後、和牛預託商法（安愚楽牧場事件など）、健康器具の預託商法（ジャパンライフ）など、大型の消費者被害事件が続出しました。

預託商法は、事業者が商品を販売し、その引渡しをせずに預託させて配当を支払い、契約終了時に当初支払金額が戻る仕組みなので、商品の裏づけがあると誤認されやすい反面で事業者の破綻リスクが認識されにくいという特徴があり、安全性について誤解を招く危険性が大きいといえます。

2　預託商法に対する法規制の経緯

⑴　旧預託法の制定

預託商法に対しては、1986年に「特定商品等の預託等取引契約に関する法律」（旧預託法）が制定されました。

しかし、旧預託法は、適用商品が政令指定制であるばかりでなく、参入規制も採用していないうえ、行為規制も不十分でした。このため預託商法による被害の防止はできず、抜本的な改正が求められていました。

⑵　集団投資スキームとの関係

預託商法は、金商法の集団投資スキームとの関係でも問題がありました。集団投資スキームは、顧客が事業者に資金を拠出して事業者が運用し収益を配分するもので、金商法の規制を受けます（登録等はQ31、勧誘規制はQ26）。

つまり、資金を拠出すると金商法が適用され、商品を預託すると旧預託法が適用されるという関係です。そこで、設問の場合、パチスロ機の購入等の資金を事業者に拠出するという方式をとると集団投資スキームにあたり、パチスロ機を事業者から購入して預託するという形式をとると旧預託法が適用されることになるので、金商法の抜け道になるという批判がありました。

⑶　旧預託法の抜本改正

こうした経緯から、2021年６月に旧預託法が抜本改正され、名称も「預託等取引に関する法律」（預託法）となりました。預託法は、2022年６月１日から施行されています。そこで次に、その概要を解説します。

3　預託法の概要

⑴　預託商法の原則禁止

預託法は、もともと所有している物を事業者に預託する契約にも適用されます（たとえば、所有しているブランド品を事業者に一定期間預託して、報酬を得るという取引など)。

しかし、預託商法は、事業者が販売して預託を受けるという類型です。そこで預託法は、預託契約のうち事業者あるいはその関連業者から商品を購入し、それを一定期間以上預託する類型を「販売を伴う預託等取引」(販売預託取引)として、経済的合理性がないとして原則禁止としました。

そして、例外的に許容されるのは、内閣総理大臣により2段階の確認を得た場合に限定しています。まず、事業者はあらかじめ第1段階の確認を得ないと、販売預託取引の広告や勧誘をすることができません。さらに、事業者が顧客との関係で契約を締結しようとするときは、第2段階の確認として、契約ごとにあらかじめ確認を得る必要があります(以上につき、預託法9条1項)。

これらの規定に違反して勧誘や契約の締結をすると、5年以下の懲役〔2025年6月1日より拘禁刑〕もしくは500万円以下の罰金またはその併科の罰則が適用されます(預託法32条1号・2号)。

⑵　契約の締結禁止

預託等取引業者は、確認を得ないで販売預託取引の契約を締結することを禁止されています(預託法14条1項・2項)。確認を得ないで契約を締結した場合、その契約は無効となります(同条3項)。

⑶　預託法適用の要件

預託法の骨格は以上のとおりですが、適用の要件として次の点が重要です。

①　預託の期間が3カ月以上であること(預託法2条1項1号・2号、預託法施行規則1条)

②　預託するものが物品(不動産は入りません)、または、施設利用権、物品の利用に関する権利・引渡請求権その他これに類する権利であること(預託法2条1項1号・2号)

③　販売預託取引の規制は、事業者が販売したものについて預託を受けること(販売と預託を受ける事業者を別々にしても、密接関係者である場合に

は規制されます（預託法９条１項）。密接関係者とは、預託等取引契約の対象となる物品等を販売する者のほか、その販売の代理や媒介を行う者が含まれます（預託法施行規則９条））

4　設問の場合

内閣総理大臣の確認は極めて厳格で、顧客の財産上の利益が不当に侵害されるおそれはないと認める場合に限られます（預託法11条等）。

設問のように、元本保証して高い利回りをもって勧誘して成り立つ経済的合理性は乏しく、確認が得られるとはまず考えられませんが、念のため消費生活センターか消費者庁に確認を得ているか問い合わせて確かめるとよいでしょう。

確認を得ていない事業者と契約するのは、事業者が経営破綻したり刑事摘発を受けて破綻したりして損失を被る危険性が高いので、やめるべきです。

そもそも販売預託業者は、３のとおり、確認を得ないと勧誘はもちろん、広告や広告類似行為をすること自体が禁止されています（預託法９条１項、預託法施行規則10条）。この禁止される勧誘・広告・その類似行為には、電話、訪問、電子メールの送信、SMSやSNSのメッセージ機能による送信等が幅広く含まれています（同条）。したがって、確認を得ていない事業者が電話やSNSなどで勧誘すること自体違法な行為ですので、そのような違法行為をする事業者とは取引すべきではありません。

なお、３のとおり、確認を得ないで締結した契約は無効となります。したがって、法律上は返還請求できます。しかし、現実問題としては、事業者が破綻してしまうと、実際の資金回収は困難になるか、不可能になります。内閣総理大臣の確認を得ないで違法な営業活動をしている事業者の場合、突然経営破綻してしまったり、刑事摘発を受けて営業できなくなるといった事態が容易に想定されます。したがって、契約して資金を拠出した場合には、損失を被る危険性は大変大きいため、勧誘に応じないようにすることが大事で、決して契約をすべきではありません。

Q41　暗号資産取引

暗号資産とは、どのようなもので、わが国ではどのように規制されていますか。インターネットによる海外の暗号資産交換業者での取引は、大丈夫でしょうか。

▶▶▶ Point

① **暗号資産は、支払いに用いることができ、電子的に記録・移転できる財産的価値で、法定通貨建てでないものです。**

② **日本国内で暗号資産交換業を行うには登録が必要であり、不適切な暗号資産を取り扱わないこと、暗号資産の流出防止措置や利用者資産の分別管理、説明義務や適合性の原則の遵守等が求められます。**

③ **海外の暗号資産交換業者は、詐欺的事業者やマネーロンダリング等に利用されるリスクが高いという問題があります。**

④ **ブロックチェーン上の残高に直接民事執行することは容易でありませんが、暗号資産交換業者を第三債務者として民事執行手続を行うことが考えられます。**

1　暗号資産と暗号資産に関する取引

暗号資産は、①不特定者に対する代価の弁済に使用でき、かつ不特定者と売買（法定通貨との交換）ができる、法定通貨建資産でない財産的価値（電子的記録）で、電子的に移転できるもの、および、②不特定者との間で交互に①と交換できる財産的価値（同上）で、電子的に移転できるものです（資決法２条14項）。暗号資産は一般に現実の裏付資産を有せず、その価格は基本的に売買需給により激しく変動します。また、暗号資産を支えるブロックチェーン技術は発展途上の技術であり、未知のものも含め技術的脆弱性をもつ可能性があります。

暗号資産自体のしくみは、多くは、ブロックチェーン技術による電子的記録台帳を世界の参加者が相互に持ち合うものです。取引の方法としては、自らブロックチェーンに直接アクセスして記録・移転を行う方法と、暗号資産交換業者を介して取引を行う方法があります。後者は、利用者は暗号資産交換業者にアカウントを有し、暗号資産交換業者がブロックチェーン上の記録を行います。一般の利用者は基本的にこの方法によりますが、NFT（Non-Fungible Token。非代替性トークン）などの取引のために前者の方法により取引を行うものも存します。

ブロックチェーン技術による電子的価値で、発行時と同額の法定通貨による償還を約するもの（デジタルマネー型ステーブルコイン）は、電子決済手段として規制され、利用者保護上問題のないもののみがわが国の交換業者での取扱いを認められます（資決法２条５項）。

暗号資産関連の取引には、暗号資産自体の取引のほか、デリバティブ取引や保有者に収益分配を行う電子記録移転権利の取引があります。

2　暗号資産に関する規制

わが国では、①暗号資産の売買・交換、②①の媒介、取次または代理、③①および②に関する利用者の金銭の管理、④他人のための暗号資産の管理のいずれかを業として行うことを「暗号資産交換業」とし（資決法２条15項）、暗号資産交換業を行う者に、暗号資産交換業者としての登録を求めています（同法63条の２）。無登録で、暗号資産交換業を行うことは、刑罰の対象となります（同法107条６号）。

暗号資産交換業者は、取扱い暗号資産を金融庁に届け出る必要があり（資決法63条の３第１項７号・63条の６第１項）、また、不適切な暗号資産を取り扱わないために必要な措置（暗号資産府令23条１項５号）が求められます。

暗号資産交換業者は、ハッキング等による暗号資産の盗取を防ぐための措置として、利用者の暗号資産に対応する秘密鍵（ブロックチェーン上の価値移転を行うための暗号データ）をインターネット接続されていないウォレットで管理することを求められます（資決法63条の11・63条の11の２）。暗号資産交換業者において暗号資産が流出しても、利用者は暗号資産交換業者に対する暗号資産の引渡しを求める権利を失うわけではありませんが、暗号資産交換業者が破綻したときには、利用者が暗号資産の引渡しを受けられなくなるため、このような制度が整備されています。また、暗号資産交換業者は、利用者資金の分別管理が求められます（同法63条の11）。

暗号資産交換業者が、暗号資産の交換等を行うときには、利用者に対し、暗号資産の性質に関する説明やリスク等に関する情報提供を行わなければならず（暗号資産府令21条・22条）、不招請の訪問・電話勧誘や適合性の原則に違反する勧誘等が禁止されています（同府令20条）。

3　暗号資産への民事執行

暗号資産（ブロックチェーン自体）の保有者は、電子的価値を排他的に保有し移転することができる地位を有するところ、この地位に対し民事執行を行うことが考えられなくはありません。もっとも、暗号資産の移転を実現するには、秘密鍵の開示を受ける必要があり、相手方からその開示を受けることができない限り、現実に地位の移転を実現することは不可能です。

他方、暗号資産交換業者は、ブロックチェーン上に利用者保有分に対応する暗号資産を保有し、秘密鍵を管理するとともに、暗号資産交換業者内のシステムに利用者のアカウントを設けて、利用者に暗号資産の保有や移転に関するサービスを提供します。利用者は、暗号資産交換業者に対して、「暗号資産の移転を目的とする債権」（資決法63条の19の２第１項）（暗号資産移転請求権）をもちます。利用者の債権者が利用者の暗号資産移転請求権の差押えを行う場合は、暗号資産交換業者を第三債務者として民事執行手続を行うことができます（民執法167条１項の「その他の財産権」）。

4 海外の暗号資産交換業者

海外の暗号資産交換業者も、日本国内の利用者を対象として業務を行う場合は、わが国の暗号資産交換業者としての登録が必要です。

しかし、インターネットにより日本国内から海外事業者にアクセスすることは極めて容易となっており、他方、日本の法執行機関が海外事業者に対して法執行を行うことは容易ではありません。そこで、詐欺組織等は、日本の暗号資産交換業者で暗号資産を取得させた後、海外の暗号資産交換業者に暗号資産を移転させて、価値を不正に取得する手口による被害を拡大させています。

被害者が日本国内の暗号資産交換業者で取引を行う場合には、犯収法に基づく本人確認等が求められます（同法4条等)。しかし、海外の暗号資産交換業者では必ずしも本人確認等が行われておらず、行為者を捕捉することも容易ではありません。国際的に、マネーロンダリング対策が進められており、各国の暗号資産交換業者間で、移転元情報および移転先情報を共有し合うトラベルルールの整備が進められており、日本でも制度整備が行われました（同法10条の5)。同制度では、暗号資産交換業者は、移転先の氏名（または名称）およびアドレス情報を取得・保管すべきとされています。マネーロンダリング対策の実効確保には、国際的に制度整備が図られることが必要ですが、必ずしも十分な整備に至ってはいません。

上記のとおり、詐欺組織等は、暗号資産取引の匿名性を悪用して被害を拡大させています。マッチングアプリやSNS等の匿名性を悪用して、効率的に被害者を捕捉し、技術を悪用して巧みに被害に誘導する手口も高度化しています。

海外の暗号資産交換業者への暗号資産の移転が勧められた場合、現状では、詐欺である蓋然性が高いといわざるを得ず、このような勧めには応じないよう十二分な警戒が必要です。

Q42 セキュリティトークン

ある合同会社から、セキュリティトークンへの投資を勧められました。同社が発行するブロックチェーンを用いた投資商品で、投資者から集めた資金を不動産に投資して収益を分配するとのことです。このような商品はどのように規制されていますか。

▶▶▶ Point

① **資金調達のために、ブロックチェーン技術等の電子的技術を用いて発行されるトークン（証票）で、出資者に事業収益の分配等を行うものは、「電子的移転権利」として規制されます。**

② **「電子的移転権利」は、流通性が高いことから発行者に開示規制が課され、その販売・勧誘等を行う金融商品取引業者等には、参入規制、販売規制や行為規制が課されます。**

1 収益分配を行うトークンの規制枠組み

ブロックチェーン技術等の電子的技術の発達により、電子的にトークン（証票）を発行して、事業資金の調達を行うことが可能となっています。資金を調達するトークン発行者は、調達資金により事業を行い、出資者に対し、①トークンを発行するだけであるもの、②物品やサービス等を提供するもの、③事業収益の分配等の投資的リターンを提供するもの、があります。このうち、①および②は、資決法上の暗号資産として規制されます。他方、③は、金商法上の「電子記録移転権利」として規制されます。

「電子記録移転権利」は、みなし有価証券（金商法２条２項）のうち「電子情報処理組織を用いて移転することができる財産的価値（電子機器その他の物に電子的方法により記録されるものに限る。）に表示される」ものです。集団投資スキーム等と同様の仕組みをもちますが、電子的に移転できることから流通性が高いという特性をもちます。そこで、金商法では、発行者に開示規制を課すとともに、販売・勧誘等を第一種金融商品取引業として、規制対象としています。自己募集・自己私募（発行者が自ら行う募集・私募）は、第二種金融商品取引業として規制されます。集団投資スキーム持分トークンの自己募集のほか、持分会社（合同会社等）の社員権トークンの自己募集も規制対象となります（同法2条8項7号、金商法施行令1条の9の2第2号）。

他方、流通性が低い場合の投資型トークン（適用除外電子記録移転権利）は、集団投資スキーム等として、販売・勧誘等は第二種金融商品取引業として規制されます。移転の都度、保有者の申出・発行者の承諾を必要とする技術的措置を要し、金融資産1億円未満、または有価証券取引口座開設1年未満の個人等に移転できない技術的措置を要します（定義府令9条の2第1項）。一般の個人へ移転できるものは、該当しません。

株式・社債・投資信託等をデジタルトークン化して発行・販売することも、技術的に可能です（「有価証券表示権利」の一類型）。これらは、第一種金融商品取引業として規制され、従来からの開示規制も課されます。

これら、金融商品の特性をもつデジタルトークンは、「セキュリティトークン」とも呼ばれ、これらの発行による資金調達をSTO（Security Token Offering）と呼ぶことがあります。

有価証券表示権利は日本証券業協会が、電子記録移転権利・適用外電子記録移転権利は日本STO協会が自主規制を行っています。

2　セキュリティトークンの開示規制

セキュリティトークンの発行者には、開示規制が課されます（〔図表11〕参照）。有価証券表示権利・電子記録移転権利は、株式や社債と同様に、50名以上に取得勧誘を行う場合が規制対象です（金商法2条3項1号）。インターネットの広告等も取得勧誘に該当しうるとされています（企業内容等開示ガイドラインＢ４－１）。他方、適用外電子記録移転権利は、集団投資スキームと同様に500名以上に販売する場合が規制対象です。

いずれも、総額１億円以上の発行には有価証券届出書の提出が必要であり（金商法４条）、その後も継続的に有価証券報告書等の提出が必要です（同法24条）。発行に際し、いわゆるホワイトペーパー（当該電子記録移転権利の仕組み、資金使途、調達資金による事業の内容等を記載した書面）を用いる場合は、有価証券届出書にその添付を要します。１億円未満1000万円超の発行には、有価証券通知書の提出が必要です（同法４条６項）。

〔図表11〕 セキュリティトークンの分類と開示規制

<table>
<tr><th rowspan="2">トークンの対象</th><th rowspan="2">デジタルトークン</th><th colspan="2">開示規制</th><th rowspan="2">金商業の種別</th></tr>
<tr><th>募集・売出し
（開示規制対象）</th><th>私募・私売出し
（開示規制対象外）</th></tr>
<tr><td>２条１項各号の権利</td><td>有価証券表示権利
（の一形態）</td><td rowspan="3">取得勧誘・売付勧誘等（私募・私売出し以外）</td><td rowspan="2">少人数私募・私売出し
（50名未満に勧誘）
適格機関投資家私募
特定投資家私募</td><td rowspan="2">第一種
金融商品
取引業</td></tr>
<tr><td rowspan="2">２条２項各号</td><td>電子記録移転権利</td></tr>
<tr><td>（適用除外電子記録移転権利）*</td><td>取得者が500名未満</td><td>第二種
金融商品
取引業</td></tr>
</table>

＊　適用除外電子記録移転権利の開示規制の対象は、投資型ファンドのみ

3　電子記録移転権利の販売・勧誘等に関する規制

電子記録移転権利の販売・勧誘等を行う金融商品取引業者等には、参入規制や販売規制、行為規制が課されます（金商法29条・35条以下。〔図表12〕参照）。

〔図表12〕 電子記録移転権利の規制概要（一般の個人への販売）

	募集・売出しの取扱い・売買の媒介等	自己募集
参入規制	第一種金融商品取引業 （第一種少額電子募集取扱業）	第二種金融商品取引業
販売規制 （日本STO協会）	募集、募集の取扱い、売出し、売出しの取扱い →発行者や事業計画の審査 私募、私募の取扱い、私売出し、私売出しの取扱い →一般の個人への投資勧誘は不可	
行為規制	金商法の行為規制（適合性の原則、広告規制、情報提供義務〔2025年5月28日までに施行〕、説明義務、虚偽説明の禁止・断定的判断の提供の禁止等）・日本STO協会の自主規制（取引開始基準の策定等）	

Q43 CO_2排出権取引

「CO_2排出権をご存じですか？　今、地球温暖化対策として世界中でCO_2排出権が取引されていますが、取引価格が高騰しておりまして、注目を集めています。年金だけでは不安でしょうし、老後の資産運用にいかがでしょうか？」と勧誘されました。このような投資は大丈夫でしょうか。

▶▶▶ Point

① **CO_2排出権取引は、事業者と顧客との相対取引です。**

② **CO_2排出権取引には、賭博性、利益相反性などの問題が内在しています。**

③ **CO_2排出権取引においても、適合性の原則や説明義務が要請されます。**

1　CO_2排出権取引とは

CO_2排出権取引（CO_2排出権証拠金取引）とは、一定額の取引保証金を預託したうえで、決められたレートに従い、１取引単位あたりの数百倍から数千倍の額を約定代金とし、欧州の気候取引所（EU-ETS）などの市場価格を参考にして、買付けまたは売付けを行い、その後、値上がり（もしくは値下がり）の差益を狙って転売または買戻しを行う、差金決済取引のことです。

市場価格を指標にするだけで、事業者は市場へ注文を取り次ぐわけではありません。事業者と一般投資家（顧客）とが一対一で取引をする相対取引です。いわば私的な証拠金取引・差金決済取引ということができます。

CO_2排出権取引は、上記のような投機取引であるにもかかわらず、「商品」「商品指数」の取引に該当しないため、商先法の適用がありません（同法2条1項・2項）。また、「金融商品」「金融指標」の取引にも該当しないため、金商法の適用もありません（金商法2条24項・25項）。そのため、CO_2排出権取引には、適正なルールを定めた法令・諸規則もなく、監督する官庁もなく、その取引は各事業者ごとに独自に定義・ルール化されているにすぎません。

日本弁護士連合会では、CO_2排出権取引が多数の消費者被害をもたらしている状況を踏まえ、2011年12月15日に「CO_2（二酸化炭素）排出権取引商法の適切な規制を求める意見書」を発出しています。

また、特商法の2016年改正に伴い、指定権利制が見直され、権利の販売と称するものについても、収益の分配を約束して取引を行った場合には、役務の提供に該当することになりました。これを受けて、消費者庁では、特商法に基づき、悪質なCO_2排出権取引業者に対する取締りを行っています（消費者庁のウェブサイト参照）。ですから、訪問販売、電話勧誘販売等にあたる場合は、特商法に基づく被害救済を図ることも考えられます。

2　CO_2排出権取引の問題点

(1)　賭博性

CO_2排出権取引は、CO_2排出権価格およびユーロ円の為替レートの変動といった当事者には予見できない偶然の事情に関して勝敗を決するものにほかなりませんから、正当行為にあたらない限り、刑法上の賭博行為に該当し、違法であるといえます（刑法185条）。また、商先法329条および金商法202条1項は、相場による賭博行為を禁止しています。したがって、商品先物取引業者でもなく、金融商品取引業者等でもない者が、CO_2排出権取引を一般投資家に勧誘することは、刑法上の賭博罪に該当し、民事上も公序良俗に反し違法である蓋然性は高いといえます。

(2)　利益相反取引

1のとおり、CO_2排出権取引は、市場へ注文を取り次ぐものではありません。この点、裁判等において、事業者が欧州の気候取引所に取り次いでいる旨を主張することもあるようですが、取次（媒介）を認めた裁判例は見当たりません。CO_2排出権取引が事業者と顧客とが一対一で取引を行う相対取引であることからすれば、事業者が、カバー取引（顧客から受けた注文と反対の取引を行うこと）を行っていなければ、事業者が利益になれば顧客は損失となり、事業者が損失となれば顧客が利益となる、利益相反関係に立つことになります。

したがって、CO_2排出権取引では事業者がカバー取引を行っているかどうかが重要ですが、事業者は、約款においてカバー取引を行っている旨記載しているものの、カバー先の企業名の記載がないことも多く、カバー先との取引量・取引内容も開示されておらず、その実態は全く不明であることがほとんどです。

このようなCO_2排出権取引に内在する問題点に言及した裁判例として、東京高裁平成25年４月11日判決・先裁集68巻361頁、東京高裁平成28年４月13日判決・先裁集75巻286頁等があります。

3　適合性の原則・説明義務

(1)　適合性の原則

以上のように、金融商品取引業者等ではない者が、一般投資家に対してCO_2排出権取引を勧誘することには刑事上・民事上の問題があります。

少なくとも、投機取引や差金決済取引を扱う専門事業者は、一般投資家に対して、投機取引を勧誘するにあたっては、その顧客（一般投資家）が十分な投資知識や経験、判断力、資力を有し、投機取引を行う意向があるかどうかを確認し、これが十分でない場合には、勧誘自体をしてはならないという適合性の原則を遵守すべき信義則上の義務があります（金商法40条１号、最高裁平成17年７月14日判決・判時1909号30頁）。

この点、CO_2排出権それ自体、一般投資家にはなじみがなく、どのような要因で相場変動するのかについても知られていません。また、CO_2排出権はユーロで取引されるため、ユーロの為替相場の影響も受けることになります。そうすると、そもそもCO_2排出権取引に適合するような一般投資家は、それほど多くないといえるでしょう。

(2) 説明義務

金融商品取引業者等には、CO_2排出権取引の仕組みや、相対取引であることや、そのことから利益相反関係が生じる可能性が高いことなどについて説明する義務があります。

最高裁平成21年7月16日判決・判時2066号121頁および最高裁平成21年12月18日判決・判時2072号14頁は、商品先物取引において商品先物取引業者が差玉向かいを行っている事案において、差玉向かいを行っていることなどについて説明義務があると判断しました。CO_2排出権取引は、そもそも顧客と事業者との間の相対売買ですから、商品先物取引において差玉向かいを行っている場合と同じような取引関係にあるということができます。

したがって、CO_2排出権取引においても、事業者は、勧誘にあたり、事業者自身が顧客の取引相手方になることを開示し、かかる事実が両者に利益相反関係をもたらす可能性が高いものであること等について説明する義務を負うと解されます。

4 J-クレジット制度

2020年10月、政府は、2050年までに温室効果ガスの排出を実質的にゼロにするカーボンニュートラル（脱炭素）を実現することを宣言しました。そして、2022年9月には、わが国においても、CO_2の排出量を取引する「カーボンクレジット市場」（J-クレジット制度）の実証実験が始まり、2023年10月11日には、東京証券取引所に正式に市場が開設されました。

しかし、今ここで問題となっているCO_2排出権取引は、このJ-クレジット制度とは、全く別の取引ですので注意しましょう。

第９章
紛争解決の手続

Q44 投資取引にまつわるトラブルと紛争解決手段

購入した金融商品で大きな損失を被りました。とても不本意なのですが証券会社は自己責任というだけで取り合いません。どこに相談して、どのような手続で解決を求めればよいでしょうか。

▶▶▶ Point

① 顧客が証券会社に取りうる手続としては、ⓐ示談交渉、ⓑ弁護士会や国民生活センター等の和解あっせん手続、ⓒ民事調停、ⓓ金融 ADR、ⓔ訴訟等が考えられます。

② どの手続をとるかについては、それぞれの特徴やメリット・デメリットを踏まえて検討することになります。

1 不本意な結果と感じたら

投資は自己責任といわれます。しかしこの表現は正確とはいえません。正確には、金融事業者が適合性の原則や説明義務などもろもろの注意義務を果たして初めて投資は自己責任になると表現するべきです。事業者の注意義務違反が認定された例は枚挙に暇がありません。

ただし、顧客自らが事業者と交渉して損害の賠償を受けるのは難しいものがあります。有価証券の取引で生じた損失を事業者が補填することは原則として禁止されており、形式的にみると損害の賠償はこれに該当するからです。したがって顧客自らが事業者に不満を述べ続けても先に進まず、最悪の場合は時効が成立して責任追及の道が閉ざされることになります。

そこで以下では紛争解決の手段を概観します。

2　示談交渉

事業者が注意義務を果たしているのかどうかは高度に法律専門的な判断ですから、弁護士に示談交渉を委任することが一つです。弁護士が顧客を代理して1000万円以下の示談を行う場合は、「事故確認」手続（Q28参照）をとることなく解決を図ることができます。しかし示談交渉に応じる事業者は少ないように思われます。応じることがあるとしても、外務員に横領があるなど違法行為が明らかな場合に限られます。事業者が示談交渉に応じないときは、次に述べる紛争解決手続をとることになります。

3　弁護士会、国民生活センター等の和解あっせん手続

示談交渉が進まないとき、第三者による和解あっせんを受けることが有用です。弁護士会や国民生活センター等では、消費者と事業者間の紛争について和解あっせんの手続を用意していますので、その利用を申し込んで紛争解決をめざします。この手続では事業者の損害賠償義務違反について白黒を付けるというよりも、双方の歩み寄りを引き出し、円満に解決することに重きがおかれます。したがって、争点が少なかったり、損害が少額であったりするときに適しているといえます。他方、争点が多かったり、損害が多額であったりするときは納得できる和解案が提示されない可能性が高いといえます。

弁護士会や国民生活センターでのあっせんによって和解が成立すると、事業者は内閣総理大臣の「事故確認」を経ずに支払うことができますので、業者にとっても使いやすい手続といえます。ただし、すべての紛争解決機関がそうとは限りませんのでご注意ください。

また、第三者から和解あっせんを受ける手続は一定の時間がかかりますので、この間に時効が完成してしまわないように細心の注意を払ってください。すなわち、その和解あっせん手続の利用申込みには時効の完成猶予のメ

リットが法律上与えられているのか、与えられているにしてもどのようにすればそれを受けられるのかについてよく調べておくべきです。

4 民事調停

簡易裁判所に調停を申し立て、調停委員会に調停を行ってもらう方法です。やはり話合いの手続の一つです。有力な紛争解決手段であり、違法性が顕著なときには事業者も調停に応じて穏便に事を収めようとする可能性があります。しかしそのようなケースは多くないように思われます。民事調停手続には強制力はありませんから事業者が責任を頑なに否定している場合は奏功しません。この手続も、争点が少なかったり、損害が少額であったりする事案に適していると思われます。

5 金融 ADR

金融商品取引の分野で整備された裁判外紛争解決手段です（Q45参照）。紛争解決機関として行政庁から指定された団体がありますので、そこに和解あっせんを申し立てます。2023年4月現在、8団体が指定されています。証券・金融商品あっせん相談センター（FINMAC）、全国銀行協会、生命保険協会などです。

これも話合いの手続ではありますが、金融事業者はその手続に応じて説明を行ったり資料を提出したりすることが求められ、和解案が提示されたときはそれを尊重することが求められていますので、上記の各手続と比べると事業者には話合いに応じるべき事実上の強制力が働いています。行政の監督により紛争解決機関の中立性・公正性の確保がめざされており、また、金融分野に知見を有する者が紛争解決委員として解決にあたります。したがって、簡易迅速に紛争を解決する有力な手段ではあります。

ただしあくまでも話合いの手続です。事業者は和解案を最終的には拒否することもできます。現状では、解決水準は訴訟に比べて低いという傾向があります。この手続は、可能な限りの実態把握を求めつつも、費用をかけず迅速に解決を図るものであり、互いの歩み寄りにより解決を促す手続であることに留意する必要があります。

6　訴訟提起

損害賠償を請求する訴訟を裁判所に提起することです（Q46参照）。事業者が訴訟に応じなければ訴状記載の事実を認めたものとみなされますので、事業者には訴訟に応じることが求められます。頑なに責任を否定する事業者についてはこの手段が最も適しているといえるでしょう。

事業者がその注意義務を果たしているのかどうかということは高度に法律専門的な事柄ですから、最終的には裁判所によって判断されるべきものといえます。裁判所は過去の裁判例も参考にしながらその判断を行います。書類などの形式的な証拠を調べることに止まらず、法廷で関係者が供述する手続も経て事実関係が認定されます。

したがって、事業者の責任を追及する最も厳格な手段と位置づけられます。

7　どの手続を選ぶべきか

上記のメリットおよびデメリットをよく検討して判断してください。

たとえば、取引期間が何年もありその間に多数の商品で損失を被ったという事案であれば争点が多そうです。訴訟提起以外の手段では時間ばかりがかかって解決に近づかないということが予想されます。この場合は早期に訴訟提起したほうがよいでしょう。なお、訴訟提起しても審理の途中で裁判所が和解をあっせんするということもよくあります。

また、事実関係について争いがあり、白黒を付けたいという気持が強いのであれば、訴訟提起が適しています。

他方、双方の主張の求める解決水準の隔たりが大きくない場合や、単発の取引による被害で争点が多くない場合、種々の事情から必ずしも高水準の賠償を望まないような場合であれば、訴訟提起以外の手段で和解をめざしてもよいです。どうしても和解に至らないときに最終手段として訴訟提起をするかも要検討です。その場合は時効が完成してしまわないように細心の注意を払ってください。

Q45 金融 ADR による手続

証券会社とのトラブルについて弁護士に依頼しようと思います。裁判まではしたくないのですが、裁判以外に解決を求めることができる手続はあるのでしょうか。それらの手続は裁判と異なるのでしょうか。

▶▶▶ Point

① **民事訴訟以外にも ADR による紛争解決手段があります。**

② **法律に基づき設置された ADR 機関のうち、金商法等の金融関連の法制に基づくものを金融 ADR と呼びます。中でも、指定紛争解決機関は、金商法により金融 ADR としての制度整備がされています。**

③ **指定紛争解決機関では、金融商品取引業者等に、手続き応諾義務、資料提出義務、特別調停案受諾義務が課されています。**

④ **証券会社との取引に関する紛争は、FINMAC（フィンマック）という金融 ADR 機関が取り扱っています。**

1 裁判外紛争解決機関

金融商品取引業者等の違法な勧誘等（適合性の原則違反、説明義務違反等）により投資者が損害を被ったときは、損害賠償請求することができます。

投資者が民事訴訟で勝訴した判決が確定し、あるいは和解することにより金融商品取引業者等の賠償義務が認められれば、損害賠償金が支払われて損害が回復されます。しかし、訴訟手続は時間も費用もかかるうえに投資者側の精神的負担もあるため、損害を被った投資者が被害回復に向けて民事訴訟を提起することに躊躇することがあります。

そのようなことから、訴訟によらずに簡易・迅速に紛争を解決する手段として裁判外紛争解決（ADR：Alternative Dispute Resolution）が整備されてきました。一般的なADRに関しては、2013年7月に仲裁法が制定され、2004年11月に裁判外紛争解決手続の利用の促進に関する法律（ADR法）が制定されています。同法に基づき法務省に認証されたADR機関として、弁護士会の仲裁センター（2023年5月現在、36の単位会に設置されています）、公益社団法人民間総合調停センター、公益社団法人日本消費生活アドバイザー・コンサルタント・相談員協会のConsumer ADRなどがあります。

これらとは別にADR機能を有する公的機関もあり、独立行政法人国民生活センター内には、紛争解決委員会を設けられており、金融商品に関する消費者被害の救済も扱っています（国セン法11条）。地方自治体でも、消費生活センターや被害救済委員会を設置して、あっせん等を行っており（各消費者保護条例等）、そこでは金融商品被害も取り扱われています。

2　金融分野の主なADR機関

(1)　金融ADRの制度

金融商品の分野では、2009年に金商法等の金融関連の業法等を改正することにより銀行・保険・証券などの業態ごとにそれぞれ金融ADRの枠組みを導入しました。金融ADR制度は、紛争解決機関を行政庁が指定・監督し、その中立性・公正性を確保するものです。利用者から紛争解決の申立てが行われた場合には、金融機関に紛争解決手続の利用や和解案の尊重等を求め、紛争解決の実効性を確保するとともに、金融分野に知見を有する者が紛争解決委員として紛争解決にあたることにより、金融商品・サービスに関する専門性を確保するものです。

銀行・保険・証券等の業態ごとに一定の要件を満たした紛争解決機関が指定されており、苦情処理・紛争解決が図られています。金融商品取引業者等は、指定紛争解決機関の利用が義務づけられており、指定紛争解決機関と手続実施基本契約を締結します。法令および手続実施基本契約により、金融商品取引業者等には、顧客から指定紛争機関に申し立てられたらその手続に応諾する義務、手続において説明や資料提出をする義務、および紛争解決委員が特別調停案を出した場合の受諾義務が課されています。

紛争解決機関が指定されない業態では、金融機関自身に苦情処理・紛争解決への取組みを求め、利用者保護の充実を図ることが求められており、金融 ADR 代替措置実施機関等において、指定紛争解決機関等に準じた仕組みがつくられています。

⑵　主な金融 ADR

金融分野における ADR 機関としては、まず、証券・金融商品あっせん相談センター（FINMAC：Financial Mediation Assistance Center）があげられます（〔図表13〕参照）。FINMAC は2009年 8 月に設立され、七つの団体（日本証券業協会、一般社団法人投資信託協会、一般社団法人日本投資顧問業協会、一般社団法人金融先物取引業協会、一般社団法人第二種金融商品取引業協会、一般社団法人日本暗号資産取引業協会、一般社団法人日本 STO 協会）から ADR の処理について委託を受けて、一元的に処理を実施しています。申立ての対象となるのは、上記団体の会員等（協定事業者等）のほか、FINMAC に対して個別の利用登録を行った第二種金融商品取引業者、銀行、信託業者等です。FINMAC は業態ごとに、指定紛争解決機関、金融 ADR 代替措置実施機関（認定投資者保護団体（金商法79条の 7 第 1 項））として業務を行っています。

FINMAC 以外にも全国銀行協会、生命保険協会、日本損害保険協会、保険オンブズマンなどが金融 ADR 機関を設けています。

弁護士会の ADR には、金融事業者の業体に指定紛争解決機関がないときに、代替措置実施機関として利用できるように当該業界と弁護士会が協定していることがあります。たとえば、東京三会の弁護士会は、第二種金融商品取引業者、投資助言・代理業者、信用組合、信用金庫等と協定し、金融 ADR としての機能を担っています。

顧客が利用できる金融 ADR は、契約締結前提供情報に記載されます（金商法37条の 3 第 1 項 7 号、金商業等府令82条15号）。

〔図表13〕 主な金融 ADR 機関と業務

団体名	業務の種別等
一般社団法人生命保険協会	・生命保険業務 ・外国生命保険業務
一般社団法人日本損害保険協会	・損害保険業務 ・外国損害保険業務 ・特定損害保険業務
一般社団法人保険オンブズマン	・損害保険業務 ・外国損害保険業務 ・特定損害保険業務 ・保険仲立人保険募集
一般社団法人日本少額短期保険協会	・少額短期保険業務
一般社団法人全国銀行協会	・銀行業務 ・農林中央金庫業務
特定非営利活動法人証券・金融商品あっせん相談センター（FINMAC）	・特定第一種金融商品取引業務
一般社団法人信託協会	・手続対象信託業務 ・特定兼営業務
日本貸金業協会	・貸金業務

3 金融 ADR の手続

(1) 申立て先

どの金融 ADR 機関に申し立てるかについては、対象となる金融商品により異なります。銀行による預金、外国為替、証券業務、保険業務、デリバティブ取引等は全国銀行協会へ、生命保険は生命保険協会へ、自動車保険や火災保険、傷害保険等については日本損害保険協会または保険オンブズマンへ申立てを行うことになり、投資信託、株式等の証券取引やデリバティブ取引等は FINMAC に申立てを行うことになります（重複している商品はいずれの機関にも申し立てることができます。)。

申立ては、各協会等が設置するADR機関（全国銀行協会はあっせん委員会、生命保険協会は裁定審査会、日本損害保険協会はそんぽADRセンター）にあてて行います。FINMACおよび保険オンブズマンは、同機関にあてて申立てをすることになります。

あっせんの申立ての方法は、FINMACのウェブサイトに詳しく記載されています。

⑵　紛争解決手続

次に、金融ADRの中で最も守備範囲の広いFINMACについて説明します。

FINMACは、投資者と金融商品取引業者等の双方から公正中立な弁護士（あっせん委員）が聞いたうえで、仲介を行い、和解案を提示するなどして解決をめざします。

FINMACに申し立てられた金融商品取引業者等には、参加応諾義務が課されますので、金融商品取引業者等は手続に対応します。また、金融商品取引業者等は、説明資料提出義務などの片面的義務が課されています（金商法156条の44第2項2号・3号）ので、紛争解決委員の求めに応じて、さまざまな資料を提出します。金融ADRでは、実態把握のうえで解決を図ることがめざされており、金融商品取引業者等の内部記録や録音等も、紛争解決に必要な範囲で提出が求められます。こうした資料等と当事者からの説明を受けて、紛争解決委員が妥当な解決を図ります。

あっせん手続の過程で、FINMACが和解案や特別調停案を提示することがあります（金商法156条の44第2項4号・5号)。このうち、特別調停案は、金融商品取引業者等を片面的に拘束し受諾する義務を負いますが、金融商品取引業者等の裁判を受ける権利との関係で、同業者が債務不存在確認訴訟を提起する場合には受諾しなくてよいとされています（同条6項)。

投資者の申立てには時効完成を猶予する効力があり、FINMACでの紛争解決手続が打ち切られた場合は、その通知を受領した日から1カ月以内に訴えを提起したときは、FINMACへの申立て時点に訴え提起があったものとみなされます（金商法156条の51）。

また、民事訴訟と並行してFINMACのあっせん手続が行われている場合、裁判所は、投資者双方による共同の申立てがあれば、4カ月以内の期間を定めて訴訟手続を中断する決定をすることができます（金商法156条の52）。

4　金融ADRの利用状況

2022年度のFINMACの利用状況について、あっせん申立ては178件（うち適合性、説明義務違反等の勧誘時に関するものが82.0%、売却・解約阻止や過当売買のような売買取引に関するものが15.2%）であり、同年度におけるあっせん終結事案は130件（うち3件は取下げ）で、和解は87件、不調は40件となっています。

指定紛争解決機関は、取り扱った事案の概要をウェブサイトで公開しています。公開される情報は、指定紛争解決機関により異なりますが、金融ADRにおける紛争解決の着眼点や、機関や事案によっては解決枠組みや解決水準について参考情報を得ることができます。

Q46 裁判による手続

私は、なじみの銀行マンから、系列の証券会社を紹介され、証券会社の証券マンに儲かるからと勧められるがままに、株式や投資信託、仕組債を次々と購入してしまいましたが、気がつくと、大変な損失を受けて、投資金の大半が霧散してしまいました。私は、証券マンが許せなくて、何とか、証券会社などの責任追及によって、損失を取り戻したいのですが、裁判をするとなると、どのような手続を踏むことになるのでしょうか。

▶▶▶ Point

① 登録業者に対する訴訟においては、いずれの場合においても、証拠の偏在（登録業者の手元に多くの証拠がある）を踏まえた対応が重要です。

② 無登録業者に対しては、被告の選択や、保全など回収の実効性を検討する必要があります。

1 相手方業者の種別による対応

金融商品被害については、金融機関（登録業者）を相手方とするものと、詐欺的事業者（多くは無登録業者）とするものでは、被害回復に向けた取組みが異なります。すなわち、登録業者については、損失補塡禁止の原則が働きますので、登録業者に任意の示談交渉を持ち掛けても、登録業者はまず応じてきません。そこで、登録業者については、金融 ADR や調停、訴訟などの法的手続による被害回復を検討することになります。金融 ADR や調停については、Q44と Q45を参照してください。

他方、無登録業者については、損失補塡禁止の原則は働きませんので、任意の示談交渉を持ち掛けることは可能です。ただ、無登録業者については短期間で行方知れず、連絡がとれない状態になることが往々にしてありますし、示談がまとまっても支払いをしてこない場合もありますので、任意の示談交渉には注意が必要です。

2　登録業者に対する訴訟

訴訟による解決は、訴訟提起を経て、裁判所で審理を行い、訴訟上の和解、または判決に至ることになります。訴訟においては、立証活動が必要になりますが、被害を受けた方の記憶がおぼろげであったり、資料が散逸したりして、十分な証拠をもっていないことが往々にしてあります。その証拠を、登録業者からどのようにして入手するのかが、一つの鍵となります。

この点、訴訟提起前に、登録業者に資料の開示を求めたり、裁判所に証拠保全を求めたり、訴訟前の照会を行ったりと、さまざまな工夫が求められます。受任範囲についても、金融商品取引被害については、精緻な分析が求められることが大半ですので、場合によってはまず取引被害についての「調査」受任のみを行い、分析の結果、違法性があると思われる事例について、「損害賠償請求」受任を行うという二段階の受任方法も考えられます。

相談者のもとには、登録業者から送られてきた取引残高報告書や、商品概要説明書・契約前締結交付書面・目論見書などが断片的にせよ残っていることがあります。また、相談者が登録業者に投資金を振り込んだり、配当金を受けたりした履歴が、相談者の預金通帳に残っていることも多くあります。そこで、まずはそれらの資料を整理分析し、具体的にいつ、どのような金融商品を購入したのか、その金融商品の仕組みやリスクがどのようなところにあるのか、各金融商品の損得はどうなっているのかなどを時系列表や損益計算表などにまとめて、分析することが重要です。この際、相談者の記憶と各種客観書証とを慎重に照合しながら、具体的事実経過を確認していくことが極めて重要です。

登録業者は、相談者もしくは相談者の代理人弁護士が、取引履歴や相談者から徴求した書類について任意開示を求めてきた場合、相応の書類を任意に開示してくることが大半です。任意で開示を求める書類には、総合取引口座開設申込書、取引経過の元帳（一覧表）、投資各商品の商品概要説明書・契約締結前交付書面・目論見書のほか、日報（顧客アプローチ履歴）が考えられます。

そして、登録業者がそれら書類を任意に開示してこない場合には、担当先の支店を対象として、裁判所に、証拠保全の申立てを行う方法も考えられます。保全の対象としては、任意開示されなかった書類のほか、登録業者が保管している顧客録音記録が考えられます。顧客録音記録は、勧誘態様やその後のフォローも含め、勧誘担当者と顧客である相談者との生のやりとりが入っているため、具体的事実経過の確認に極めて重要な証拠となります。

証拠の偏在があることを考慮すれば、証拠保全の申立てについても、積極的に検討すべきでしょう。

さらに、訴訟において勝訴可能性がどの程度あるのかを、収集した証拠や取引の分析により見極めることも重要です。その際に検討すべき法理論としては、適合性の原則違反や説明義務違反などが考えられます。詳しくは、本書の各該当Q&A箇所をご参照ください。訴訟においては、仮に勝訴しても過失相殺がなされることもありますので、訴訟提起段階において、過失相殺についても対応を検討しておく必要があることに留意してください。

そして、訴訟提起した後も登録業者に対して求釈明を行い、あるいは顧客電話録音記録等の開示について、文書提出命令申立てなどを利用して、登録業者からの証拠のさらなる収集に努める場合もあります。

訴訟を起こす際に参考となる過去の裁判例については、任意団体である全国証券問題研究会のウェブサイトの判例検索システムが参考になります。

3　無登録業者に対する訴訟

無登録業者に対する訴訟でも、相談者の手元に残された各種資料の分析から入ることは、登録業者に対する訴訟をする際と変わりはありません。しかし、無登録業者に対する訴訟の場合には、無登録であるがゆえに、勝訴しても無登録業者が逃げてしまい、回収が困難になってしまう事例が多くあります。それゆえ、無登録業者に対する訴訟を検討する際には、まずは無登録業者と接触する前に無登録業者やその関係者の素性、回収に値する財産を有しているのか否かの調査検討を行うことが重要です。

また、回収可能性を考えると、無登録業者のみならず、無登録業者の代表者や役員、勧誘担当者などを幅広く被告として責任追及することも考えられます。相談者に対して、直接勧誘を行っていない無登録業者の代表者や役員については、会社法上の第三者責任（同法429条）を問うことが考えられます。

そして、無登録業者に対する訴訟に勝訴した場合の回収については、各種差押えのほか、財産開示命令手続を利用することなどが考えられます。

コラム⑬ 証拠保全

証拠保全は、あらかじめ証拠調べをしておかなければその証拠を使用することが困難となる事情があると認められるときに、申立てにより裁判所が行う証拠調べです（民訴法234条）。証拠となる資料が片方当事者に偏在していたり、時間の経過とともに保存期間が経過することで廃棄されたり、証拠の所持者によって改ざんがなされるおそれがある案件での利用が典型例です。

金融商品取引事案においては、顧客側には資料がほとんど存在しないケースも珍しくなく、他方で、金融商品取引業者等は多数の資料を作成しており、その中には被害救済にとって有用なものが多いです。また、金商法以下の各種法令・ガイドライン等は頻繁に改正がなされ、当該事案で書類が作成された後、書式が変更されることなどに伴い、保存期間が法定されていない書類などが短期間で廃棄されることもあり得るため、これら書類の入手のために証拠保全が有用なケースが多いです。また、議論はあるところですが、証拠保全には訴え提起前の証拠収集（開示）機能があることは否定できず、その意味からも証拠保全を実施する必要のある事案は多いと考えられます。

また、近時は、顧客と金融商品取引業者等との間の取引をめぐる電話の録音記録が、言った言わないの議論を必要としない直接証拠として、裁判の結論を左右するケースが増加しており、証拠保全によりこれらの電話録音記録を確保することの有用性が増加しています。

証拠保全により入手すべき書類としては、一般的な証券取引事案を前提にした場合、次のようなものがあげられます。

① 顧客カード
② 口座開設申込書
③ 取引開始基準および勧誘開始基準に関する文書
④ 接触履歴（顧客との電話・訪問等による接触記録）
⑤ 業務日誌および管理者日誌
⑥ 申立人との電話会話の音声記録
⑦ 社内検査規則およびそれに基づき作成された文書
⑧ 注文伝票
⑨ 社内研修における資料

①②は、投資経験、投資意向、財産状況などが記載されており、適合性の原則違反の有無の判断に不可欠の資料です。③は、日本証券業協会の自主規制において、信用取引・デリバティブ取引などについて取引開始基準を、店頭デリバティブ取引に類する複雑な仕組債・複雑な投資信託などについて各会員に勧誘開始基準を定めるよう要請がなされており、適合性の原則違反の有無の判断に不可欠の資料です。④⑤⑥は、いずれも相手方職員が顧客と訪問・電話などで接触した際のやりとりを記録するべく業務上作成されたものであって、事実関係を明確にするため不可欠なものです。⑦は、金融商品取引証券事故の予防・把握のため制定されており、これに基づき、問題発生の場合には問題点と対処策に関する文書が作成されます。本社から検査担当者が派遣されて監査資料が作成されるケースもあります。⑧は、無断売買が争点になる事案では、注文時間や注文内容の確定のために確認が必要となります。また、成立した注文分だけでなく、不成立の注文分についても作成されているため、確認が必要になることがあります。取引量にもよるが分量が多くなりがちであるため、提出させるには範囲の特定を検討する必要もあります。⑨は、特に問題となる商品が複雑な場合に、当該商品をどのように説明して顧客に売るべきかといった説明義務の履行に必要な事項等が記載されており、説明義務違反の有無の判断に不可欠の資料です。

〔執筆者紹介〕

（50音順）

※ ◯：編集委員

荒井　哲朗（あらい　てつろう）　弁護士（東京）
あおい法律事務所

石塚　陽子（いしづか　ようこ）　弁護士（神奈川）
石塚・小平法律事務所

石戸谷　豊（いしとや　ゆたか）　弁護士（神奈川）
港共同法律事務所

今井　孝直（いまい　たかなお）　弁護士（大阪）
今井孝直法律事務所

大植　　伸（おおうえ　のぶる）　弁護士（広島）
大植法律事務所

大迫恵美子（おおさこ　えみこ）　弁護士（東京）
荻窪法律事務所

加藤進一郎（かとう　しんいちろう）　弁護士（京都）
木内総合法律事務所

加藤　博子（かとう　ひろこ）　弁護士（愛知）
あかり総合法律事務所

金木　千恵（かねき　ちえ）　弁護士（第一東京）
九段法律事務所

桑原進之輔（くわはら　しんのすけ）　弁護士（秋田）
田中法律事務所

◯**神野　直弘**（こうの　なおひろ）　弁護士（埼玉）
こうの市民法律事務所

向来　俊彦（こうらい　としひこ）　弁護士（大阪）
アンカー北浜法律事務所

○**坂　勇一郎**（さか　ゆういちろう）　弁護士（第二東京）
東京合同法律事務所

○**桜井　健夫**（さくらい　たけお）　弁護士（第二東京）
桜井法律事務所

○**島　　幸明**（しま　ゆきあき）　弁護士（東京）
西銀座法律事務所

永長寿美子（ながおさ　すみこ）　弁護士（福岡）
永長法律事務所

中出　健作（なかで　けんさく）　弁護士（金沢）
山﨑法律事務所

中根　祐介（なかね　ゆうすけ）　弁護士（愛知）
ささゆり法律事務所

平田　元秀（ひらた　もとひで）　弁護士（兵庫）
ひめじ市民法律事務所

平野　憲子（ひらの　のりこ）　弁護士（愛知）
あかり総合法律事務所

藤﨑　千依（ふじさき　ちえ）　弁護士（大分）
大分フラワー法律事務所

安田　孝弘（やすだ　たかひろ）　弁護士（兵庫）
はりま法律事務所

山﨑　敏彦（やまさき　としひこ）　弁護士（大阪）
山﨑敏彦法律事務所

吉岡　康博（よしおか　やすひろ）　弁護士（大阪）
なにわ総合法律事務所

〈トラブル相談シリーズ〉
金融商品取引のトラブル相談Ｑ＆Ａ

2024年７月11日　第１刷発行

編　　者　日本弁護士連合会消費者問題対策委員会
　　　　　金融サービス部会
発　　行　株式会社民事法研究会
印　　刷　藤原印刷株式会社

発 行 所　株式会社　民事法研究会
〒151-0073　東京都渋谷区恵比寿３-７-16
〔営業〕TEL03(5798)7257　FAX03(5798)7258
〔編集〕TEL03(5798)7277　FAX03(5798)7278
http://www.minjiho.com/　info@minjiho.com

落丁・乱丁はおとりかえいたします。ISBN978-4-86556-626-0